PUHUA BOOKS

我
们
一
起
解
决
问
题

企业全面预算管理实务与案例解析

——从预算编制、流程控制到结果考评

杨志慧　侯立新　石倩倩　编著

人民邮电出版社

北　京

图书在版编目（CIP）数据

企业全面预算管理实务与案例解析 ：从预算编制、流程控制到结果考评 / 杨志慧，侯立新，石倩倩编著 . -- 北京 ：人民邮电出版社，2019.7（2022.6重印）
ISBN 978-7-115-51412-7

Ⅰ. ①企… Ⅱ. ①杨… ②侯… ③石… Ⅲ. ①企业管理－预算管理－研究 Ⅳ. ①F275

中国版本图书馆CIP数据核字(2019)第100878号

内 容 提 要

本书按照企业实际工作流程，从实务操作的角度介绍了全面预算为何做、如何编、如何管以及结果如何用等内容。

全书共分10章，第1~2章对全面预算管理的意义、管理模式、管理体系及制度进行了解读；第3~6章详细介绍了从经营预算、资本预算、筹资预算到账务预算的编制程序与实务操作方法；第7章通过具体实例展示了从销售预算到财务报表预算的完整编制过程；第8~9章对全面预算的执行、控制、调整以及后期的结果评价与差异分析进行了说明；第10章简述了ERP系统下的全面预算管理。书中使用了大量图表，使得理论、流程更为清晰；丰富的案例、相关资料的配备使得内容更容易理解，既可以帮助预算编制人员更好地完成实务工作，也有助于企业管理者提升全面预算管理水平。

本书适合企业管理人员、财务人员以及财经院校相关专业师生参考阅读，也可作为企业实施全面预算管理的实用工具书和培训教材。

◆编　　著　杨志慧　侯立新　石倩倩
　　责任编辑　贾淑艳
　　责任印制　彭志环

◆人民邮电出版社出版发行　　北京市丰台区成寿寺路 11 号
　邮编 100164　　电子邮件 315@ptpress.com.cn
　网址 http://www.ptpress.com.cn
　北京虎彩文化传播有限公司印刷

◆开本：787×1092　1/16
　印张：15　　　　　　　　　　2019 年 7 月第 1 版
　字数：288 千字　　　　　　　2022 年 6 月北京第 17 次印刷

定　价：59.00 元

读者服务热线：（010）81055656　印装质量热线：（010）81055316
反盗版热线：（010）81055315
广告经营许可证：京东市监广登字 20170147 号

前　言

全面预算是一种全方位、全过程、全员参与编制和实施的预算管理模式，凭借其计划、协调、控制、激励、评价等综合管理功能，可以整合和优化企业资源配置，提升企业运行效率，帮助企业实现发展战略目标。

全面预算管理对现代企业管理的意义，正如美国著名管理学家戴维·奥利所说："全面预算管理是为数不多的能把组织的所有关键问题融于一个体系的管理控制方法之一。"今天，在大多数企业中，全面预算管理已得到较为充分的重视，但在体系建立和具体执行环节还存在一些问题，例如：

* 全面预算管理体系不健全，在组织结构层面未能做出科学规划；

* 企业全员（管理层、员工层）对全面预算真正意义的认识不够深刻；

* 预算目标不明确，预算方法不科学，预算编制不准确；

* 预算执行过程监督不到位，执行评价指标体系不完整，结果使用不合理；

* 预算参与人员素质不高、预算管理人员水平不达标等。

这些问题阻碍了企业管理水平的进一步提升。有些企业寄希望于用 ERP 系统提升管理水平，但实际上，ERP 系统的基础正是全面预算管理系统。因此，真正理解和使用全面预算管理已成为企业在如今的宏观背景下实施微观管理的重要一环。

基于以上情况，我们组织专家策划并编写了《企业全面预算管理实务与案例解析——从预算编制、流程控制到结果考评》一书。本书按照企业实际工作流程，从实务操作的角度介绍了全面预算为何做、如何编、如何管以及结果如何用等内容。全书共分 10 章，第 1~2 章对全面预算管理的意义、管理模式、管理体系及制度进行了解读；第 3~6 章详细介绍了从经营预算、资本预算、筹资预算到财务预算的编制程序与实务操作方法；第 7 章通过具体实例展示了从销售预算到财务报表预算的完整编制过程；第 8~9 章对全面预算的执行、控制、调整以及后期的结果评价与差异分析进行了说明；第 10 章简述了 ERP 系统下的全面预算管理。

具体来说，本书具有以下特点。

● 内容翔实——对企业全面预算管理进行详细介绍，尽量将相关知识包含进来，以满足读者完整学习全面预算管理的需要。

● 结构清晰——按照全面预算管理的实际工作流程，分别对全面预算的编制、审批、执行、控制、调整、监督、考评与差异分析进行讲解。

● 图表丰富——使用大量图表，使得理论、流程更为清晰。

● 案例真实——在预算编制的关键流程部分加入案例，相关数据资料有助于读者进行模拟练习。

本书讲解充分，为读者提供了在全面预算管理与执行中发现问题的方法、分析问题的思路、解决问题的路径以及进行实务操作的工具，既可以帮助预算编制人员更好地完成实务工作，也有助于企业管理者提升全面预算管理水平。

需要说明的是，受篇幅所限，有些内容尚未充分展开，部分案例未能配置完整，在编写过程中，我们努力做到科学严谨，但疏漏、错误难以完全避免，在此敬请读者批评指正！同时向所参考资料的作者、企业数据资料的提供者、相关企业的财务管理者表示衷心感谢！

目　录

第 1 章

全面预算管理概述
——计划与目标

```
                                          ┌─────────────────────────────┐
                                      ┌──→│ 1.1.1 全面预算管理的含义      │
                                      │   └─────────────────────────────┘
                  ┌──────────────────┐│   ┌─────────────────────────────┐
              ┌──→│ 1.1 全面预算管理解读│┼──→│ 1.1.2 全面预算管理的意义与定位│
              │   └──────────────────┘│   └─────────────────────────────┘
              │                       │   ┌─────────────────────────────┐
              │                       └──→│ 1.1.3 全面预算管理的特征与功能│
              │                           └─────────────────────────────┘
              │                           ┌─────────────────────────────┐
              │                       ┌──→│ 1.2.1 全面预算管理体系的构成  │
              │   ┌──────────────────┐│   └─────────────────────────────┘
              ├──→│ 1.2 全面预算管理体系│┼──→┌─────────────────────────────┐
              │   └──────────────────┘│   │ 1.2.2 全面预算管理工作流程    │
              │                           └─────────────────────────────┘
              │                           ┌─────────────────────────────┐
              │                       ┌──→│ 1.3.1 资本导向预算管理模式    │
              │                       │   └─────────────────────────────┘
              │                       │   ┌─────────────────────────────┐
              │                       ├──→│ 1.3.2 营销导向预算管理模式    │
┌──────┐      │                       │   └─────────────────────────────┘
│ 全面  │      │                       │   ┌─────────────────────────────┐
│ 预算  │      │   ┌──────────────────┐├──→│ 1.3.3 利润导向预算管理模式    │
│ 管理  │──────┤──→│1.3 全面预算管理的基本模式│   └─────────────────────────────┘
│ 概述  │      │   └──────────────────┘│   ┌─────────────────────────────┐
└──────┘      │                       ├──→│ 1.3.4 成本导向预算管理模式    │
              │                       │   └─────────────────────────────┘
              │                       │   ┌─────────────────────────────┐
              │                       ├──→│ 1.3.5 现金导向预算管理模式    │
              │                       │   └─────────────────────────────┘
              │                       │   ┌─────────────────────────────┐
              │                       └──→│ 1.3.6 全面预算管理基本模式的比较│
              │                           └─────────────────────────────┘
              │                           ┌─────────────────────────────┐
              │                       ┌──→│ 1.4.1 固定预算与弹性预算      │
              │                       │   └─────────────────────────────┘
              │                       │   ┌─────────────────────────────┐
              │   ┌──────────────────┐├──→│ 1.4.2 定期预算与滚动预算      │
              └──→│1.4 全面预算编制的基本方法│   └─────────────────────────────┘
                  └──────────────────┘├──→┌─────────────────────────────┐
                                      │   │ 1.4.3 增量预算与零基预算      │
                                      │   └─────────────────────────────┘
                                      │   ┌─────────────────────────────┐
                                      └──→│ 1.4.4 全面预算编制方法的比较  │
                                          └─────────────────────────────┘
```

　　企业从创立之初，生存、发展、获利这三部曲就都不可回避。在每一部曲中，任何一家企业都不能信马由缰、漫无目的地发展。企业应在不同阶段建立起阶段目标，包括长期与短期目标，并且要保障这些目标能够有效执行与实现。全面预算管理可以担当这一重要职能。

预算管理创造的价值

　　2012 年，像其他企业的发展历程一样，华为公司也经历了一段波折。受全球经济不景气、通信领域客户投资意愿下降的影响，华为公司遭遇了连续五个月的亏损，陷入了年度收入目标和净利润目标可能均难以实现的困境。面对此种状况，公司上下齐心协力、共克难关。其中，集团财经费用管理部在公司的支持下，通过预算管理的两记重拳，以及其他管理手段的共同出击，"拧出"了十亿美元费用，为公司创造了价值，在公司扭亏中立下了赫赫战功。

　　公司费用的"拧出"过程结合并运用了以下预算管理手段。

　　第一，在费用预算制定上划出高压线。

　　在以往公司高速增长过程中，成本费用管控相对较松。2012 年费用预算增长近 30%，而当年的收入预算仅增长了 21%。花钱的速度已经超过了赚钱的速度。基于此，公司为机关职能平台制定了费用预算基线和模型，针对不同部门的业务特点制定了差异化的基线。在实现基线约束的基础上，公司给出了另外一条高压线：费用额零增长。为实现这一目标，集团轮值 CEO 和 CFO 亲自挂帅，专门组织费用评审，对每个职能平台的部门费用一项项展开分析，随后正式签发了《职能平台费用预算指引》《内部结算管理规定》等一系列文件。最终费用管理实效突出，一下砍掉了 6 000 多万美元的平台费用预算。

　　第二，在费用预算实施中实现弹性预算。

　　弹性预算的方法和理论虽早就存在，但此前公司一直都是"向上弹"，未出现过"向下弹"的情况，并没有真正实现弹性预算。面对此次压力，公司决定将预算授予机制收紧，根据收入、销售毛利完成率孰低来弹性授予费用预算，即经营计划完不成，费用预算就要减少。如果全年收入预测完成 95%，销售毛利预测能完成 90%，则按照 90% 弹性授予其费用，砍掉其 10% 的费用预算。通过这种方式，公司将资源配置和产出指标更紧密地挂钩，迫使利润中心不仅追求收入的达成，还要关注销售毛利。截至 2012 年底，集团收入/销售毛利预算完成 90%，费用预算也控制在了 90% 的水平。

　　通过以上预算管理手段的运用，华为公司总共"拧出"了近十亿美元的费用预算节余，最终使得利润结果基本达到了集团预期要求，过去一段时间费用率不断走高的势头也得到了遏制。

1.1 全面预算管理解读

1.1.1 全面预算管理的含义

"凡事预则立，不预则废。"只有经过事先充分的准备和计划，才能在商战中取得一次又一次的胜利。纵观许多优秀企业，无不在一个健全的管理思想和系统下运行，它们懂得居安思危、未雨绸缪，针对企业的未来做好了周密的筹划，并能科学、有效地执行这些计划，最终使企业保持长久的生命力。在这个过程中，预算管理的思想及其有效实施成了企业成功的重要保障。

预算在企业管理领域是企业对预算期内各项经济活动数量化和货币化的计划安排。企业领域的预算又称全面预算。全面预算是企业为了实现战略规划和经营目标，按照一定程序（编制、审查、批准）做出的，以量化形式表现的企业预算期内的经营活动、投资活动、财务活动的统筹计划。

全面预算管理是通过业务、资金、信息、人才的整合，实现企业资源的合理配置，进而对协同作业、战略实施、经营状况、价值增长等目标绩效提供支持的系统管理过程和体系。它主要包括战略目标制定、预算编制、预算执行与绩效考评等工作内容。

1.1.2 全面预算管理的意义与定位

全面预算细化了企业经营的具体任务与目标，进一步明确了工作主体（人与各级组织）的任务与目标，因此预算管理不仅仅是编制和执行计划，更是全面协调企业各项工作和各位成员的一个重要工作体系。

企业的发展历程一般会经历四个阶段：第一，产品阶段（靠质量抢占市场）；第二，营销阶段（注重市场营销）；第三，人力资源建设阶段（注重人才培养与队伍建设）；第四，系统管理阶段（核心正是全面预算管理）。

企业要想长久发展，必然要走到第四阶段，全面预算管理就成了不可回避的重要工作。

全面预算管理从诞生之初，其作用就被各大企业所重视。20 世纪 20 年代，随着其在美国通用电气、杜邦、通用汽车公司的应用与发展，全面预算管理很快就成为许多大型企业的标准工作程序。从最初的计划、协调发展到控制、评价、激励等诸多功能，作为贯穿企业管理始终的综合性管理工具，全面预算管理在企业内部控制中发挥着核心作用。在我国，从 20 世纪 90 年代开始一些大中型企业不同程度地实施了全面预算管理，但相对而言管理效果并未真正显现。一些中小企业的管理者甚至还认识不到全面预算管理的必要性，他们认为自身企业规模小，不需要这么高深的管理技术，成败的关键仅在于市场经营。实际上，从企业的长远发展来看，经营过程只是预算管理体系的一个工作节点，即"管理重心在经营、经营重心在决策、决策重心在执行、执行重心在预算"。到了 21 世纪，全面预算已经成为企业管理工作的必备构成内容，企业管理者随时关注、控制、监督预算执行情况。实际上，企业不管大小，树立预算思想与实施预算管理都是其发展的必经之路。

为了促进全面预算管理的推广，政府部门先后出台了一系列规章制度。2002 年，财政部颁布了《关于企业实行全面预算管理的指导意见》，提出企业要实行包括财务预算在内的全面预算管理；2008 年，财政部、证监会等五部门联合发布了《企业内部控制规范》，再次明确要求企业在全面实施预算管理中明确各责任单位职责，规范预算的编制、审定、下达和执行程序；2010 年，在再次发布的《企业内部控制应用指引》中，全面预算作为独立的 15 号指引（见附录 1）被进一步强化。这些制度的实施标志着我国企业已广泛进入全面预算规范与实施阶段。2014 年，随着《财政部关于全面推进管理会计体系建设的指导意见》的发布，正式且全面推进了管理会计建设。全面预算管理作为管理会计的重要支撑，已逐渐被提升到举足轻重的地位。

1.1.3　全面预算管理的特征与功能

1. 全面预算管理的特征

全面预算管理是一项综合性的管理工作。它的综合性也决定了其地位和重要程度，即预算不是某个部门的工作，而是企业、集团整体的工作内容。

全面预算管理通常具备以下四个基本特征。

第一，战略性。全面预算管理的构建以公司战略为导向，是公司战略目标的具体实施计划。

第二，全面性。全面性主要表现为全员性、全程性、全方位。全员性，指全面预算管理涉及企业各个部门，需要从领导到员工各个层级的所有人员参与，人人有责；全程性，指管理过程从编制、执行控制、考核、评价渗透到公司各项经营活动；全方位，指全面预算管理包括了经营预算、资本预算、财务预算等各个方面的预算管理内容。

第三，协调性。全面预算管理需要协调每一个部门和每一个人，把任务与资源进行合理配比与有效利用。

第四，反馈性。全面预算管理计划的编制、执行需要进行切实有效的控制与监督，能依据实际情况进行调整，并通过考核评估不断提高预算管理的效果。

2. 全面预算管理的功能

在企业整个管理系统中，战略与预算和经营绩效之间有着首尾相连的密切的逻辑关系，在多个方面体现出重要性，这也成为预算在企业管理中不可或缺的原因之一。全面预算管理的功能如图1-1所示。

图 1-1　全面预算管理的功能

第一，架设桥梁。全面预算管理在战略目标及规划与执行之间架起一道桥梁。全面预算管理将战略目标及规划层层细化与量化，使战略目标能落实到具体工作任务中。全面预算管理与战略目标及规划的关系如图1-2所示。

图 1-2　全面预算管理与战略目标及规划的关系

第二，沟通与协调。通过全面预算的编制，企业可以充分了解各级部门及员工的需求与意见，在执行过程中不断沟通、相互协调、取得共识，减少工作中的障碍。

第三，强化控制。全面预算可以强化管理工作的系统性。全面预算管理将各个部门的控制功能与各项制度融入其中，使得任何一个部门或个人的工作成为系统工作的一个有机组成部分，彼此之间紧密联系、相互协作，最终保障各层级目标和总目标的共同实现。

第四，资源配置。优化财务和财务资源，向关键的分公司、子公司和部门配置最优资源。

第五，绩效考核。全面预算可以作为绩效考核与奖惩的依据。全面预算的编制使得企业年末考核有据可依，通过预算控制可以随时发现问题并进行调整，实现降低风险、减少资源浪费的目的。同时，将全面预算结果与最后的考核评价相结合，可以激发员工的潜力，为实现个人目标与企业目标的有机结合创造环境。

1.2　全面预算管理体系

1.2.1　全面预算管理体系的构成

全面预算管理不仅仅是企业的一项管理工作，其有效实施还依赖于一个完善的管理体系（见图 1-3）。企业全面预算管理体系以企业战略规划为目标出发点，根据规划设计确立年度目标，依据年度目标设置年度计划；将年度计划进行具体化和量化，通过各级预算指标的编制得以体现。其中，预算编制进一步分为经营预算、资本预算、筹资预算和财务预算的编制；预算编制完成后，即进入预算执行过程，执行过程需要进行全程控制，在执行过程中依据实际情况进行分析，随时发现执行中的问题并予以解决或调整；年度终了，依据年初设定的预算指标对各级部门、各个员工进行绩效评价与考核，最后依据考核结果实施奖惩，以保障预算目标的实现。

图 1-3　全面预算管理体系的构成

在全面预算管理体系中，预算的编制是一项重要工作。预算的编制过程通常涉及企业的各个部门，涉及面广，工作量大。预算编制的内容体系如图1-4所示。

图1-4　预算编制的内容体系

全面预算的编制通常以市场需求的研究与预测为基础，以销售预算为导向，在"以销定产"的思路下进行生产经营活动相关方面的预算，最后落实到对财务状况和经营成果的影响上，包括预计利润表、预计资产负债表及预计现金流量表。企业同时需要根据战略规划进行本年度长期项目投资的预测，编制资本预算，并将投资支出反映在相关项目中。通常将短期资金的变化，包括借款、还款、分红等变化内容在现金预算中一并反映。

1.2.2　全面预算管理工作流程

全面预算管理是在企业整体目标基础上进行的一项管理工作，不同企业具体的工作方式有所不同。通常，一套完整的管理流程包含以下几个程序：

（1）企业总部作为战略规划者，根据市场环境与企业战略提出企业战略目标；

（2）采用上下结合的预算编制方式分层编制预算，此阶段强化了预算审批权的设置；

（3）二级单位完成预算编制后，由上一级单位进行审核批准，批准后开始执行；

（4）对预算执行情况进行全方位监控，此过程注重部门内部执行与外部工作的协调；

（5）对二级单位的预算执行情况进行考核、评估与奖惩；

（6）对执行结果进行反馈，适时做出预算调整，并反映到下一年度预算编制与管理上。

以上程序落实到具体业务中，通常会形成一个基本业务流程。全面预算基本业务流程一般包括预算编制、预算执行和预算考核三个阶段。其中，预算编制阶段包括预算内容编制、预算审批、预算下达等环节；预算执行阶段涉及预算指标分解和责任落实、预算执行控制、预算分析、预算调整等环节。这些业务环节相互关联、相互作用、相互衔接，周而复始地循环，进而实现对企业经济活动的全面控制。企业应当结合自身情况及管理要求，制定全面预算基本业务流程，具体如图 1-5 所示。

图 1-5　全面预算基本业务流程

在全面预算基本业务流程执行过程中，管理机构或组织以及相关制度的设置非常重要。作为基本业务流程执行的保障，配套工作要求较高。此部分内容将在第 2 章中进行具体介绍。

1.3 全面预算管理的基本模式

全面预算管理连接着市场和企业内部，市场环境的不同和企业所处发展时期的不同会导致管理重点不同，以及所使用的管理模式不同。企业要根据自身所处环境选择适合的全面预算管理模式，突出不同时期的不同管理重点。全面预算管理的基本模式一般分为以下几类，如图 1-6 所示。

图 1-6 全面预算管理的基本模式

1.3.1 资本导向预算管理模式

资本导向预算管理模式是以资本投入为起点的预算管理模式。这种模式一般适用于初创期的企业。初创期的企业一般都有大规模的投资，通常将大量资金投入研发、市场研究、固定资产等，导致企业净现金流量为负，面临较大的投资与经营风险。这种大规模的投资比生产经营上所需要的资金要多得多，所以投资方面的预算变得非常重要。

在资本导向预算管理模式下，企业从资本投入预算开始介入管理全过程，包括利用财务决策技术进行资本投入的项目评价，做出项目投资总预算、各期现金流出预算和融资预算；利用以上预算对实际过程进行监控或管理，评价项目实际效果。这种预算模式的优点是"量入为出"，让企业能够在不断投资的过程中由投资带动发展。资本导向预算管理模式的流程如图 1-7 所示。

图 1-7　资本导向预算管理模式的流程

1.3.2　营销导向预算管理模式

营销导向预算管理模式是按"以销定产"的体系，以销售为核心编制并执行预算。此模式下预算以市场为依托，以销售预测为起点，然后再根据销售预算所考虑的期初、期末存货的变动来安排生产，最后是保证生产顺利进行的各项资源的供应和配置。在营销导向预算管理模式下，应以销售收入为主导考核指标。以销售为核心的预算管理模式的基本目标是通过预算来保证内部各部门的运作协调一致，通过满足市场需求来获取效益。

这种模式通常适用于产品逐渐被市场接受，市场占有份额直线上升，产品的生产技术较为成熟的企业。这种类型的企业，其主要管理工作就是不断开拓新的市场，以提高自己的市场占有率，增加企业销售收入。

在以销售为核心的预算管理模式下，预算编制一般按以下程序进行：

（1）企业根据市场销售预测以及预期利润确定预算期间企业的销售指标；

（2）销售部门以销售预测为基础，根据企业实际情况和预算期间可能发生的变动情况编制销售预算；

（3）生产部门在销售预算基础上编制生产预算；

（4）采购部门依据生产部门的生产所需编制料、工、费等预算，协调各项资源供给及配置；

（5）相关职能部门根据上述各项预算分别编制管理费用、财务费用和销售费用等在内的成本费用预算，加强企业预算管理和内部控制；

（6）财务部门在上述销售预算、成本费用预算等预算的基础上编制利润预算，并据以对各级责任单位和个人进行考评和控制，同时编制现金流量换算，保证生产经营活动所需资金。

以销售为核心的预算管理模式的缺点主要有可能会造成产品过度开发，不利于企业长远发展；可能会忽略降低成本，不利于提高企业利润；可能出现过度赊销，增加企业坏账损失。

1.3.3 利润导向预算管理模式

在利润导向预算管理模式下，企业"以利润最大化"作为预算编制的核心，编制的起点和考核的主导指标都是利润。从现代企业经营特点来看，许多公司为了使"生命"不断延长，逐渐向多元化经营的集团模式发展。对于实现对不同子公司和分公司的经营进行控制与考评、发挥集团优势这一目标来说，利润导向预算管理模式具有一定的优势。

利润导向预算管理模式体系基本与营销导向预算管理模式相同，主要包括利润预算、销售预算、成本预算、现金预算等。通常由母公司确定各子公司的利润预算数并下达给子公司，子公司与母公司协商后编制本单位预算，然后依据利润预算目标编制各项经营预算项目。

这种模式有助于企业管理方式由直接管理转向间接管理，有利于增强企业集团的综合盈利能力，但有可能引发短期行为，使企业只顾预算年度利润，忽略长远发展，以及使企业只顾追求高额利润，增加财务风险和经营风险，还可能引发虚假行为，使企业通过一系列手段虚降成本，虚增利润。

1.3.4 成本导向预算管理模式

成本导向预算管理模式以成本控制为核心，预算编制以成本预算为起点。它在明确企业实际情况的前提下，通过市场调查，结合预期利润目标，倒挤出企业目标成本并进行量化和分类整理，然后分解落实到各级责任单位和个人，明确以成本指标完成情况为考评依据。预算编制主要包括设定目标成本、分解落实目标成本、实现目标成本这三个基本环节。此过程强调目标成本的可行性与科学性、全员参与以及岗位责任制的落实。

在市场竞争激烈，资源短缺现象严重的市场环境中，企业提高经济效益的途径总体来讲无非就是"开源"与"节流"。企业通过开发市场、提高市场占有率、扩大销售额可以实现开源。而对于处于产品市场成熟期的企业而言，市场份额变动不大，产品价格比较稳定，企业的经济效益很大程度上就取决于成本控制的好坏了。因此加强成本管理，努力降低成本，对于提高企业整体经济效益是极为重要的。

在成本导向预算管理模式下，企业可能只顾降低成本而忽略新产品开发，或只顾降低成本而忽略产品质量。

邯郸钢铁厂是比较有代表性的一家成功进行成本管理的企业。当年邯郸钢铁厂通过模拟市场核算出企业各种产品的内部成本和利润，并层层分解落实到各级责任单位和个人，进而以各责任单位和个人分解承担的成本指标来按质、按量地对相关责任单位和个人进行考核与"否决"（只要未达到成本指标或质量指标，就扣发责任人全部奖金并缓升浮动工资），同时注意权责利的结合和重罚与重奖的结合，确保这种充分吸收全员参与成本管理的管理模式取得了成功。

成本导向预算管理模式的流程如图 1-8 所示。

```
┌─────────────────────┐        ┌─────────────────────┐
│ 以产品价格为基础编制成  │ ────→ │ 以成本预算为基础编制采  │
│ 本预算              │        │ 购、生产、期间费用预算  │
└─────────────────────┘        └─────────────────────┘
                                          │
                                          ↓
┌─────────────────────┐        ┌─────────────────────┐
│ 以责任预算为依据，严格  │ ←──── │ 以成本预算为中心编制现  │
│ 控制成本支出         │        │ 金与财务预算          │
└─────────────────────┘        └─────────────────────┘
```

图 1-8　成本导向预算管理模式的流程

1.3.5　现金导向预算管理模式

随着现金流量在企业健康运转中的作用日益受到关注，以现金流量为核心的预算管理模式也逐渐发展成熟。现金导向预算管理模式是以现金流量为核心，依据企业现金流量预算进行预算管理的一种模式。现金流量是这一预算管理模式下预算管理工作的起点和关键所在。

在这种模式下，预算编制通常采用先自上而下、再自下而上的多次反复的方式。一般来说，主要包括三个步骤：

（1）资金管理部门根据各单位的责任范围，下达现金预算编制的内容和格式要求；

（2）各责任部门根据资金管理部门的要求和自身的实际编制现金流量预算，并上报汇总；

（3）资金管理部门汇总各组织单位编制的现金流量预算，按照"量入为出"的原则进行统筹安排，并协商确定最终预算的调整数与下级预算编制单位。

实践中，以现金流量为核心的预算管理模式有两种形式：一种是企业日常财务管埋以现金流量为起点；另一种是产品处于衰退期的企业以现金流量为核心。这二者均对企业的现金流量管理极为重视。现金导向预算管理模式对现金管理要求较高。

1.3.6　全面预算管理基本模式的比较

全面预算管理基本模式的比较如表 1-1 所示。

表 1-1　全面预算管理基本模式的比较

基本模式	核心	优点	缺点	适用的企业
资本导向	以资本投入为起点	量入为出，让企业能够在不断投资的过程中由投资带动发展	生产经营上所需要的资金保障次之，可能导致经营风险升高	初创期的企业
营销导向	以销定产	通过满足市场需求来获取效益，适应性较强	可能造成产品过度开发，不利于企业长远发展；忽略降低成本，不利于提高企业利润；过度赊销，增加企业坏账损失	市场份额不断上升、产品生产技术较为成熟的企业
利润导向	以利润最大化为目标	直接管理转向间接管理，有利于增强企业集团的综合盈利能力	可能引发短期行为，增加企业的财务风险和经营风险，虚增利润	规模较大、不断扩张型的企业
成本导向	以目标成本为基础	在市场竞争激烈，资源短缺，市场份额、产品价格变化不大时，通过"节流"降低成本，对于提高企业整体经济效益极为重要	可能只顾降低成本而忽略新产品开发，或只顾降低成本而忽略产品质量	产品处于成熟期的企业
现金导向	以现金流量为核心	重视现金流量管理	对现金管理要求较高	现金需求较高的企业

1.4　全面预算编制的基本方法

　　财政部会计司在《企业内部控制应用指引第 15 号——全面预算》解读中指出，企业可以依据自身的经济业务特点、数据管理水平、生产经营周期和管理需要，选择或综合运用固定预算、弹性预算、滚动预算等多种方法编制预算。全面预算的编制方法通常有以下几种。

1.4.1　固定预算与弹性预算

　　全面预算按业务量基础的数量特征不同，分为固定预算和弹性预算两种编制方法。

1. 固定预算

固定预算又称静态预算，是相对弹性预算而言的一种预算方式。它是指将预算期内正常的、可实现的某一业务量（如生产量、销售量）水平作为唯一基础来编制预算。传统预算大多采用固定预算编制方法。其基本原理是，编制中假定某个业务量水平保持不变，以某一确定的业务量为基础编制预算，在预算执行期末，将预算的实际结果与固定预算水平加以比较，据此进行业务考评。

固定预算最大的优点是编制比较简单；缺点是当实际业务量与预算编制所依据的业务量发生较大差异时，预算指标会失去可比性。因此，按照固定预算方法编制的预算不利于正确地控制、考核和评价企业预算的执行情况。

一般情况下，对不随业务量变化的固定成本与费用，多采用固定预算方法进行编制；而对变动成本，在编制预算时不宜用此方法。一些业务量水平较为稳定的企业或非营利组织在编制预算时也可采用固定预算方法。

[例1-1] A公司按固定预算方法编制销售预算预计2018年销售产品20 000件，单价1 000元，产品单位变动成本800元，固定成本总额1 800 000元。

销售利润预算表

单位：万元

项目	固定预算
销售收入	2 000.00
单价	0.10
单位变动成本	0.08
单位边际贡献	0.02
边际贡献	400.00
固定成本	180.00
销售利润	220.00

假设执行期间，实价销售产品25 000件，追加固定成本200 000元。A公司在其他条件不变的情况下，编制销售利润预算分析表。

销售利润预算分析表

单位：万元

项目	固定预算	实际发生	差异
销售收入	2 000.00	2 500.00	+500.00
单价	0.10	0.10	

（续表）

项目	固定预算	实际发生	差异
单位变动成本	0.08	0.08	
单位边际贡献	0.02	0.02	
边际贡献	400.00	500.00	+100.00
固定成本	180.00	200.00	+20.00
销售利润	220.00	300.00	+80.00

通过上例可以看出，当实际业务量与预计业务量差异较大时，预算结果的可比性会变得较差，不利于对业务的控制、考核和评价。

2.弹性预算

弹性预算又称变动预算或滑动预算，是为克服固定预算的缺点而设计的一种预算方式。它是在成本习性分析的基础上，以业务量、成本和利润之间的依存关系为依据，区分变动成本与固定成本，进而建立起业务量与成本和利润间的数量关系，按照预算期可预见的各种业务量水平，编制出不同业务量水平下的相应预算。

弹性预算能够反映在预算期内，与一定相关范围内可预见的多种业务量水平相对应的不同预算额，扩大了预算的适用范围。在预算期实际业务量与计划业务量不一致的情况下，将实际指标与实际业务量相应的预算额进行对比，可以使预算执行情况的评价与考核更加客观并具有可比性。

弹性预算的编制重点在于业务量及业务量范围的确定。编制弹性预算所依据的业务量可以是产量、销售量、直接人工工时、机器工时、材料消耗量和直接人工工资等。业务量范围的选择应根据企业的具体情况而定。一般可定在正常生产能力的70% ~ 110%，或以历史最高业务量和最低业务量为上下限。

弹性预算的编制方法主要包括公式法、列表法和图示法。

（1）公式法

公式法是指在成本习性分析的基础上，根据成本与业务量之间的数量关系确定成本费用数额，并编制成本费用预算的方法。成本与业务量之间的数量关系通过公式 $y=a+bx$ 表示。如果事先确定了有关业务量 x 的变动范围，只要根据有关成本项目的 a 和 b 参数，就可以推算出业务量在允许范围内任何水平上的各项预算成本。这种编制方法的优点是，预算在一定范围内不受业务量波动的影响；缺点是逐项甚至按细目分解成本比较麻烦，同时又不能直接查出特定业务量下的总成本预算额，存在一定误差。

［例1-2］B公司按公式法编制制造费用弹性预算，业务量选择人工工时，业务范围为1 400~2 400小时。

B 公司制造费用弹性预算表

单位：万元

项目	a	b
管理人员工资		
保险费	60.00	
维修费	20.00	
水电费	10.00	0.20
辅助材料	10.00	0.30
辅助人员工资		0.30
合计	100.00	0.80

依据以上数据，可得制造费用预算模型 $y=100+0.80x$，其中水电费 $y=10+0.20x$，辅助人员工资 $y=0.30x$。由此可以计算出不同业务量下的具体数值。

（2）列表法

列表法是指通过列表的方式，在相关范围内每隔一定业务量计算相关数值，来编制弹性成本预算的方法。此种方法在一定程度上能克服用公式法无法直接查到不同业务量下总成本预算的弱点。总体来说，列表法工作量较大，但结果会比公式法更精确。

列表法的优点在于，不管企业的实际业务量是多少，不必经过计算即可找到与业务量相近的预算成本。但是，运用列表法编制预算，在评价和考核实际成本时，往往需要使用补差法来计算"实际业务量的预算成本"，这样操作比较麻烦。

［例 1-3］B 公司按列表法编制成本、利润弹性预算，预计销售量在 1 800~2 400 件。业务量选择人工工时，业务范围为 1 400~2 400 小时。

B 公司成本与利润弹性预算表

预计销售量（件）	1 800	2 000	2 200	2 400
预计销售收入（20 元 / 件）	36 000	40 000	44 000	48 000
减：变动成本	21 060	23 400	25 740	28 080
其中：直接材料（8 元 / 件）	14 400	16 000	17 600	19 200
直接人工（3 元 / 件）	5 400	6 000	6 600	7 200
变动性制造费用（0.5 元 / 件）	900	1 000	1 100	1 200
变动性销售与管理费用（0.2 元 / 件）	360	400	440	480
边际贡献（元）	14 940	16 600	18 260	19 920

（续表）

减：固定成本（元）	12 000	12 000	12 000	12 000
其中：固定性制造费用（元）	9 000	9 000	9 000	9 000
固定性销售与管理费用（元）	3 000	3 000	3 000	3 000
销售利润（元）	2 940	4 600	6 260	7 920

（3）图示法

图示法是指在平面直角坐标系上把各种业务量的预算成本用描绘图像的形式表示出来，以反映弹性预算水平的方法。这种预算方法不仅能反映变动成本、固定成本项目，而且能在一定程度上反映混合成本，能够在坐标图上直观地反映不同业务量水平上的预算成本，但精确度相对差一些。

总体来说，由于未来业务量变化会影响成本、利润等各个方面，因此弹性预算法一般用于与业务量相关的各种预算，较多被用在成本费用与利润预算中。

1.4.2　定期预算与滚动预算

全面预算按其预算期的时间特征不同，可分为定期预算和滚动预算两大类。

1. 定期预算

定期预算也称阶段性预算，是指在编制预算时以不变的会计期间（如日历年度）作为预算期的一种编制预算的方法。

定期预算的优点是能够将预算期间与会计年度相配合，便于考核和评价预算的执行结果。但按照定期预算方法编制的预算存在以下几个缺点。

（1）盲目性

由于定期预算往往是年初甚至提前两三个月编制的，对于整个预算年度的生产经营活动很难做出准确的预算，尤其是预算后期只能进行笼统的估算，数据笼统含糊，缺乏远期指导性，给预算的执行带来很多困难，不利于对生产经营活动的考核与评价。

（2）滞后性

由于定期预算不能随情况的变化及时调整，当企业所规划的各种经营活动在预算期内发生重大变化（如临时中途转产）时，就会造成预算滞后，使之成为虚假预算。

（3）间断性

由于受预算期间的限制，致使经营管理者的决策视野局限于本期规划的经营活动，通常不考虑下期。例如，一些企业提前完成本期预算后，以为可以松一口气，其他事情等下期再说，形成人为的预算间断。因此，按定期预算方法编制的预算不能适应连续不断的经营过程，从而不利于企业的长远发展。

定期预算一般适用于全年生产较为均衡的企业。

[例 1-4] 接 [例 1-3]，B 公司按定期预算法编制成本与利润预算。假设全年销售量预计 2 000 件，每个季度有所不同。

B 公司成本与利润定期预算表

项目	第一季度	第二季度	第三季度	第四季度	全年
预计销售量（件）	400	600	500	500	2 000
预计销售收入（20 元/件）	8 000	12 000	10 000	10 000	40 000
减：变动成本	4 680	7 020	5 850	5 850	23 400
其中：直接材料（8 元/件）	3 200	4 800	4 000	4 000	16 000
直接人工（3 元/件）	1 200	1 800	1 500	1 500	6 000
变动性制造费用（0.5 元/件）	200	300	250	250	1 000
变动性销售与管理费用（0.2 元/件）	80	120	100	100	400
边际贡献（元）	3 320	4 980	4 150	4 150	16 600
减：固定成本（元）	3 000	3 000	3 000	3 000	12 000
其中：固定性制造费用（元）	2 000	2 000	2 000	2 000	8 000
固定性销售与管理费用（元）	1 000	1 000	1 000	1 000	4 000
销售利润（元）	320	1 980	1 150	1 150	4 600

2. 滚动预算

滚动预算又称连续预算或永续预算，是指在编制预算时，将预算期与会计年度脱离，随着预算的执行不断延伸补充预算，逐期向后滚动，使预算期永远保持为 12 个月的一种预算方法。其具体做法是每过一个季度（或月份），立即根据前一个季度（或月份）的预算执行情况，对以后季度（或月份）进行修订，并增加 个季度（或月份）的预算，以逐期向后滚动、连续不断的预算形式规划企业未来的经营活动。

（1）滚动预算的优缺点

与传统的定期预算相比，按滚动预算方法编制的预算具有以下优点。

①连续性、完整性和稳定性突出。滚动预算在时间上不再受日历年度的限制，能够连续不断地规划未来的经营活动，不会造成预算的人为间断；同时，可以使企业管理人员了解未来 12 个月内企业的总体规划与近期预算目标，能够确保企业管理工作的完整性与稳定性。

②及时性强。滚动预算能根据前期预算的执行情况，结合各种因素的变动影响，及时调整和修订近期预算，这样做出的预算更加切合实际，能够充分发挥预算的指导和控制

作用。

③透明度高。采用滚动预算方法编制的预算不再是预算年度刚开始几个月的事情，而是实现了日常管理的紧密衔接，可以使管理人员始终能够从动态的角度把握企业近期的规划目标和远期的战略布局，使预算具有较高的透明度。

采用滚动预算方法编制的预算，唯一的缺点是预算工作量较大。

（2）滚动预算的编制方式

滚动预算按其预算编制和滚动的时间单位不同，可分为逐月滚动、逐季滚动和混合滚动三种方式。

①逐月滚动。逐月滚动是指在预算编制过程中，以月份为预算的编制和滚动单位，每个月调整一次预算。具体如图1-9所示。

第一年年度预算											
1月	2月	3月	4月	5月	6月	7月	8月	9月	10月	11月	12月

执行与调整 →

第一年年度预算										第二年
2月	3月	4月	5月	6月	7月	8月	9月	10月	11月	12月	1月

执行与调整 →

第一年年度预算										第二年	
3月	4月	5月	6月	7月	8月	9月	10月	11月	12月	1月	2月

图1-9　逐月滚动预算方式示意

②逐季滚动。逐季滚动是指在预算编制过程中，以季度为预算的编制和滚动单位，每个季度调整一次预算。逐季滚动编制预算比逐月滚动编制预算的工作量小，但预算精度较差。

③混合滚动。混合滚动是指在预算编制过程中，同时使用月份和季度作为预算的编制和滚动单位（见图1-10）。它是滚动预算的一种变通方式。

这种方式的理论依据是，人们对未来的了解程度具有对近期的预计把握较大、对远期的预计把握较小的特征。为了做到长计划短安排、远略近详，在预算编制过程中，可以对近期预算提出较高的精度要求，使预算的内容相对详细；对远期预算提出较低的精度要求，使预算的内容相对简单。这样可以减少预算工作量。

运用滚动预算方法编制预算，使预算期间依时间顺序向后滚动，能够保持预算的持续性；还有利于考虑未来预算活动，结合企业近期目标和长期目标，随时间的推进不断调整和修订预算，使预算与实际情况更相适应，有利于充分发挥预算的指导和控制作用。

滚动预算通常适用于按季或按月编制预算的企业。

第一年年度预算					
第一季度			第二季度	第三季度	第四季度
1月	2月	3月	预算总额	预算总额	预算总额

执行与调整

第一年年度预算					第二年
第二季度			第三季度	第四季度	第一季度
4月	5月	6月	预算总额	预算总额	预算总额

执行与调整

第一年年度预算				第二年	
第三季度			第四季度	第一季度	第二季度
7月	8月	9月	预算总额	预算总额	预算总额

图 1-10　混合滚动预算方式示意

[例 1-5] C 公司按季编制滚动预算。2018 年四个季度的销售量分别为 200 吨、240 吨、300 吨、260 吨，第一季度和第二季度的销售单价为每吨 1 万元，第三季度起单价为每吨 1.2 万元；预计 2019 年第一季度的销售量为 240 吨。

C 公司滚动预算表（第 1 期）

项目	2018 年			
	第一季度	第二季度	第三季度	第四季度
销售数量（吨）	200	240	300	260
销售单价（万元/吨）	1.00	1.00	1.20	1.20
销售收入（万元）	200.00	240.00	360.00	312.00

C 公司滚动预算表（第 2 期）

项目	2018 年			2019 年
	第一季度	第二季度	第四季度	第一季度
销售数量（吨）	240	300	260	240
销售单价（万元/吨）	1.00	1.20	1.20	1.20
销售收入（万元）	240.00	360.00	312.00	288.00

1.4.3 增量预算与零基预算

按预算编制出发点的特征不同，全面预算可分为增量预算和零基预算两大类。

1. 增量预算

增量预算又称调整预算，是指以基期成本费用水平为基础，结合预算期业务量水平及有关降低成本的措施，通过调整有关原有费用项目而编制预算的方法。

增量预算的前提条件有以下几点。

（1）现有的业务活动是企业必需的

只有保留企业现有的每项业务活动，才能使企业的经营过程得到正常发展。

（2）原有的各项开支都是合理的

既然现有的业务活动是必需的，那么原有的各项费用开支都是合理的，必须予以保留。

（3）增加费用预算是值得的

增量预算以过去的经验为基础，实际上是承认过去所发生的一切都是合理的，主张不需在预算内容上做较大改进，而是遵循以前的预算项目。这样的预算结果受原有费用项目限制，可能导致保护落后，使原来不合理的费用开支继续存在，形成不必要开支合理化，造成预算上的浪费。而且，该方法也会滋长预算中的"平均主义"和"简单化"倾向，预算编制人员可能会凭主观臆断按成本项目平均削减预算或只增不减，不利于调动各部门降低费用的积极性。最后，对于那些未来实际需要开支的项目，可能因没有考虑未来情况的变化而造成预算不足，从而不利于企业的发展。

增量预算适用于经营比较简单的企业。

2. 零基预算

零基预算的全称为"以零为基础编制计划和预算"，是为克服增量预算的缺点而设计的一种预算编制方法。它是指在编制成本费用预算时，不考虑以往会计期间所发生的费用项目或费用数额，而是以所有的预算支出均为零为出发点，一切从实际需要与可能出发，逐项审议预算期内各项费用的内容及开支标准是否合理，在综合平衡的基础上编制费用预算的一种方法。

零基预算的编制程序如下所述。

（1）确定预算目标

动员企业内部所有部门，根据企业的总目标，在充分讨论的基础上提出本部门的具体目标，并提出本部门在预算期内应当发生的费用项目、费用金额以及未来的效果。

（2）对费用开支进行必要性分析

由预算的管理部门对各部门提出的费用项目进行必要性和效益分析，并做出分类，划分不可避免项目和可避免项目。对不可避免项目，必须保证资金供应；对可避免项目，则需逐项进行成本—效益分析，按照各项目开支必要性的大小确定各项费用预算的优先顺序。

（3）分配资金，落实责任

将预算期内可供支配的资金数额在各费用项目之间进行分配。企业应优先保证满足不可延缓项目的开支，然后再根据需要和可能，按照项目的轻重缓急确定可延缓项目的开支标准。

零基预算的优点是不受现有费用项目限制，可以促使企业合理有效地进行资源分配，将有限的资金用在刀刃上。该方法可以充分发挥各级管理人员的积极性、主动性和创造性，促进各预算部门精打细算、量力而行，合理使用资金，提高资金的利用效率。由于这种方法以零为出发点，所有费用项目都如此，有利于企业面向未来发展考虑预算问题。

零基预算的缺点在于，这种方法一切从零出发，在编制费用预算时需要完成大量的基础工作，工作量较大；做不好会顾此失彼，难以突出重点，而且也需要较长的编制时间。零基预算适用于产出较难辨认的服务性部门费用预算的编制。

[例1-6] D公司用零基预算方法编制2018年预算。销售与管理费用预算总额为240万元，部门预测为300万元。

D公司部门预算表

单位：万元

项目	金额
销售人员工资	100
广告费	80
差旅费	40
办公费	20
保险费	20
培训费	10
销售佣金	30
合计	300

经分析，除广告费和培训费外，其他费用必不可少。下面分析广告费与培训费的收益情况。

D公司广告费与培训费收益比较表

单位：万元

项目	成本	收益
广告费	1	68
培训费	1	32

将必要资金的意外剩余资金在广告费与培训费之间进行分配后，得出项目预算。

意外剩余资金 =240-（100+40+20+20+30）=30（万元）

广告费预算额 =30×[68÷（68+32）]=20.40（万元）

培训费预算额 =30×[32÷（68+32）]=9.60（万元）

部门零基预算表

单位：万元

项目	金额
销售人员工资	100.00
广告费	20.40
差旅费	40.00
办公费	20.00
保险费	20.00
培训费	9.60
销售佣金	30.00
合计	240.00

1.4.4 全面预算编制方法的比较

不同的全面预算编制方法具有不同的特点或优缺点，使用环境也有所不同，具体选择时需要结合企业的实际情况。全面预算编制方法的比较如表 1-2 所示。

表 1-2 全面预算编制方法的比较

预算方法	特点	优点	缺点	适用范围
固定预算	将预算期内正常的、可实现的某一业务量水平作为唯一基础来编制预算	编制过程比较简单	当实际业务量与预算业务量差异较大时，会失去可比性	业务量水平较为稳定的企业或非营利组织
弹性预算	在成本习性分析基础上以业务量、成本和利润之间的依存关系为依据，建立业务量与成本和利润间的数量关系，编制不同业务量水平的预算	能反映相关范围内多种业务量水平相对应的不同预算额，扩大了适用范围；评价更加客观	若采用公式法，不能直接查出特定业务量下的总成本预算额；若采用列表法，评价和考核实际成本时需用补差法计算"实际业务量的预算成本"，比较麻烦	一般用于与业务量相关的各种预算，较多被用在成本费用与利润预算中

（续表）

预算方法	特点	优点	缺点	适用范围
定期预算	以不变的会计期间（如日历年度）作为预算期来编制预算	将预算期间与会计年度相配合，便于考核和评价预算执行结果	具有盲目性、滞后性和间断性	全年生产较为均衡的企业
滚动预算	编制预算时将预算期与会计年度脱离，随预算执行不断延伸补充预算，逐期向后滚动，使预算期永远保持为 12 个月（或四个季度）	连续性、完整性和稳定性突出，及时性强，透明度高	工作量较大	按季或按月编制预算的企业
增量预算	以基期成本费用水平为基础，结合预算期业务量水平及降低成本的措施，调整相关原有费用项目来编制预算	编制过程比较简单	可能使原来不合理的费用开支继续存在，造成浪费；可能出现"平均主义"和"简单化"；不利于降低费用；预算的不足不利于企业未来的发展	经营比较简单的企业
零基预算	以零为基础编制计划和预算	一切从实际需要与可能出发，促使企业合理有效地进行资源分配，有利于企业未来发展	需完成大量的基础工作；难以突出重点，编制时间长	产出较难辨认的服务性部门

第 2 章

全面预算的准备工作

——基础与保障

```
                                              ┌─────────────────────────────────┐
                                    ┌────────▶│ 2.1.1 全面预算管理组织体系的建立      │
                                    │         └─────────────────────────────────┘
               ┌──────────────────────┐       ┌─────────────────────────────────┐
          ┌───▶│ 2.1 全面预算管理组织体系 │──────▶│ 2.1.2 全面预算管理下的企业组织架构与  │
          │    └──────────────────────┘       │      流程梳理                      │
          │                                   └─────────────────────────────────┘
          │                                   ┌─────────────────────────────────┐
          │                          ┌───────▶│ 2.2.1 全面预算管理制度              │
          │                          │        └─────────────────────────────────┘
          │    ┌──────────────────────────┐   ┌─────────────────────────────────┐
          ├───▶│ 2.2 全面预算管理制度的构建与完善 │──▶│ 2.2.2 财务管理制度及其他部门制度      │
          │    └──────────────────────────┘   └─────────────────────────────────┘
          │                                   ┌─────────────────────────────────┐
          │                          ┌───────▶│ 2.3.1 全面预算目标的确定            │
┌──────┐  │                          │        └─────────────────────────────────┘
│ 全面  │  │    ┌──────────────────────┐       ┌─────────────────────────────────┐
│ 预算  │  ├───▶│ 2.3 全面预算目标的确定与分解 │──▶│ 2.3.2 全面预算目标的分解            │
│ 的准  │──┤    └──────────────────────┘       └─────────────────────────────────┘
│ 备工作 │  │                                  ┌─────────────────────────────────┐
└──────┘  │                          ┌───────▶│ 2.4.1 启动环节                     │
          │                          │        └─────────────────────────────────┘
          │    ┌──────────────────────┐       ┌─────────────────────────────────┐
          ├───▶│ 2.4 全面预算编制程序的设定 │──────▶│ 2.4.2 编制环节                     │
          │    └──────────────────────┘       └─────────────────────────────────┘
          │                                   ┌─────────────────────────────────┐
          │                          └───────▶│ 2.4.3 审批环节                     │
          │                                   └─────────────────────────────────┘
          │                                   ┌─────────────────────────────────┐
          │                          ┌───────▶│ 2.5.1 高度集权的预算编制模式         │
          │                          │        └─────────────────────────────────┘
          │                          │        ┌─────────────────────────────────┐
          │                          ├───────▶│ 2.5.2 集权为主、适当分权的预算编制模式 │
          │                          │        └─────────────────────────────────┘
          │    ┌──────────────────────┐       ┌─────────────────────────────────┐
          └───▶│ 2.5 全面预算编制的基本模式 │──────▶│ 2.5.3 分权为主、适当集权的预算编制模式 │
               └──────────────────────┘       └─────────────────────────────────┘
                                      │        ┌─────────────────────────────────┐
                                      ├───────▶│ 2.5.4 高度分权的预算编制模式         │
                                      │        └─────────────────────────────────┘
                                      │        ┌─────────────────────────────────┐
                                      └───────▶│ 2.5.5 全面预算编制模式的比较         │
                                               └─────────────────────────────────┘
```

全面预算管理作为国际通用的一种先进的企业管理方法，是对现代企业经营决策的具体化和数量化。它对明确企业经营目标、协调各部门之间的关系、控制日常经营活动、评价实际工作业绩等具有重要作用，对完善法人治理结构、建立现代企业制度、提高公司核心竞争力等具有重大意义。同样，全面预算管理的有效实施也需要这些部门和工作领域紧密配合与协调，需要从组织、制度到具体工作的分解等方面与之相配套。企业只有做好全面预算的基础与保障工作，才能确保全面预算管理目标的实现。

杜邦财务体系的由来

美国杜邦公司（DuPont Company）是全球大型化学企业，至今已有 200 多年的历史。

1802 年，杜邦家族在美国特拉华州创办了火药厂并迅速发展起来。在整个 19 世纪，杜邦公司基本都是采取单人决策式经营方式。该公司的第三代领导人亨利掌管企业时更是如此，军人出身的亨利对公司施行铁腕式管理，公司的主要决策都由他一人做出。通过严格管理、不遗余力地亲自监督，在亨利的带领下，杜邦公司逐渐成长为行业首领。单人决策的管理形式在亨利时代是成功的，这主要是因为当时的市场比较简单、产品单一，竞争并不激烈。

亨利去世后，杜邦公司面临崩溃。当时的继承人是亨利的侄子，他试图延续亨利的管理模式，但没有成功。除了继承人缺乏经验，失败的主要原因还在于当时的经营管理方式与时代已不相适应。危急时刻，家族中的三位堂兄弟力挽狂澜，他们凭借在铁路、电气、钢铁、机械等领域先进的管理经验，设计了一个集团式经营管理模式。这一管理模式抛弃了当时美国企业流行的体制，成立了"执行委员会"，全面执行预测、战略规划、预算编制、资源分配等管理方式；在管理职能分工的基础上，分别成立制造、销售、采购、基建、运输等部门，通过执行委员会管理公司重要事务并做出决策。统一指挥、垂直领导、专业分工的有机配合与全面协同管理，大大提高了杜邦公司的整体工作效率，促进了公司的迅速发展。

执行委员会执行工作时的主要依据之一是财务部门计算出的关于成本、投入、产出等的数据，分管财务工作的负责人也就此设计出了至今都在被各大企业广泛使用的财务管控方法——杜邦财务体系。

2.1　全面预算管理组织体系

2.1.1　全面预算管理组织体系的建立

财政部会计司在《企业内部控制应用指引第 15 号——全面预算》解读中指出，企业设置全面预算管理体制，应遵循合法科学、高效有力、经济适度、全面系统、权责明确等基本原则。全面预算管理组织体系一般分为全面预算管理决策机构、日常工作机构和执行单位三个层次的基本架构，具体如图2-1所示。

图 2-1　全面预算管理组织体系的基本架构

1.全面预算管理决策机构——全面预算管理委员会

全面预算管理委员会是专门履行全面预算管理职责的决策机构，由企业负责人及内部相关部门负责人组成，总会计师或分管会计工作的负责人应当协助企业负责人完成预算管理工作。全面预算管理委员会一般由企业负责人（董事长或总经理）任主任，总会计师（或财务总监、分管财会工作的副总经理）任副主任，其成员一般还包括各副总经理、主要职能部门（财务、战略发展、生产、销售、投资、人力资源等部门）及分（子）公司负责人等。

全面预算管理委员会的主要职责一般包括以下几项：

（1）制定颁布企业全面预算管理制度，包括全面预算管理的政策、措施、办法、要求等；

（2）根据企业战略规划和年度经营目标，拟定全面预算目标，并确定全面预算目标分解方案、预算编制方法和程序；

（3）组织编制、综合平衡预算草案；

（4）下达经批准的年度预算；

（5）协调解决预算编制和执行中的重大问题；

（6）审议预算调整方案，依据授权进行审批；

（7）审议预算考核和奖惩方案；

（8）对企业全面预算总的执行情况进行考核；

（9）其他全面预算管理事宜。

2. 全面预算管理工作机构

全面预算管理委员会一般为非常设机构，企业一般在管理委员会下设立全面预算管理工作机构，履行全面预算管理委员会的日常管理职责。全面预算管理工作机构一般设在财务部门，其主任一般由总会计师（或财务总监、分管财会工作的副总经理）兼任，工作人员除了财务部门人员外，还应包括计划、人力资源、生产、销售、研发等业务部门人员。

全面预算管理工作机构的主要职责一般包括以下内容：

（1）拟订企业各项全面预算管理制度，并负责检查落实全面预算管理制度的执行；

（2）拟定年度预算总目标分解方案及有关预算编制程序、方法的草案，报全面预算管理委员会审定；

（3）组织和指导各级预算单位开展预算编制工作；

（4）预审各预算单位的预算初稿，进行综合平衡，并提出修改意见和建议；

（5）汇总编制企业全面预算草案，提交全面预算管理委员会审查；

（6）跟踪、监控企业预算执行情况；

（7）定期汇总、分析各预算单位预算执行情况，并向全面预算管理委员会提交预算执行分析报告，为管理委员会进一步采取行动拟定建议方案；

（8）接受各预算单位的预算调整申请，根据企业全面预算管理制度进行审查，集中制定年度预算调整方案，报全面预算管理委员会审议；

（9）协调解决企业预算编制和执行中的有关问题；

（10）提出预算考核和奖惩方案，报全面预算管理委员会审议；

（11）组织开展对企业二级预算执行单位［企业内部各职能部门、所属分（子）公司等，下同］预算执行情况的考核，提出考核结果和奖惩建议，报全面预算管理委员会审议；

（12）预算管理委员会授权的其他工作。

3. 全面预算执行单位

全面预算责任中心是全面预算的执行单位，它是根据其在企业预算总目标实现过程中的作用和职责划分的，承担一定经济责任，并享有相应权利和利益的企业内部单位，包括企业内部各职能部门、所属分（子）公司等。全面预算责任中心的划分应当遵循分级分层、权责利相结合、责任可控、目标一致的原则，并与企业的组织机构设置相适应。根据权责范围，全面预算责任中心可以分为投资中心、利润中心、成本中心、费用中心和收入中心。各预算执行单位在全面预算管理部门（全面预算管理委员会及其工作机构，下同）的指导下，组织开展本部门或本企业全面预算的编制工作，严格执行经批准下达的预算。

各预算执行单位的主要职责一般包括以下几项：

（1）提供编制预算的各项基础资料；

（2）负责本单位全面预算的编制和上报工作；

（3）将本单位预算指标层层分解，落实到各部门、各环节和各岗位；

（4）严格执行经批准的预算，监督检查本单位预算的执行情况；

（5）及时分析、报告本单位的预算执行情况，解决预算执行中的问题；

（6）根据内外部环境变化及企业全面预算管理制度，提出预算调整申请；

（7）组织实施本单位内部的预算考核和奖惩工作；

（8）配合全面预算管理部门做好企业总预算的综合平衡、执行监控、考核奖惩等工作；

（9）执行全面预算管理部门下达的其他预算管理任务。

各预算执行单位负责人应当对本单位预算的执行结果负责。全面预算组织结构示例如图 2-2 所示。

图 2-2　全面预算组织结构示例

2.1.2　全面预算管理下的企业组织架构与流程梳理

全面预算管理目标的实现依赖于组织制度的保障，它也是全面预算流程控制的基点。全面预算管理功效的发挥不仅需要在企业设置全面预算组织机构，而且需要企业运营组织架构与之相协调，以满足全面预算管理的需求。因此，在全面预算管理前提下，更需要对企业组织架构做出进一步的梳理与优化，以降低管理流程成本，尽可能消除各管理部门之间的推诿，为预算编制、执行与考评奠定基础。

1. 企业组织架构分类

企业组织架构是企业内部各部分之间所确立的关系形式。一般包含四个层次：核心层、紧密层、半紧密层、松散层。不同层次在企业决策中的地位与影响是不同的。企业应根据自身主业、产业特点、战略地位等，分别确立组织架构。

企业组织架构按不同的分类方法可分为不同的类型，常见的分类方法主要有以下两大类。

（1）威廉姆森分类

这种分类方法将企业的组织架构分为 U 型、H 型、M 型。

U 型组织架构也称一元结构，它将企业内部划分为若干个独立性很小的职能部门，实行中央集权控制。

H 型组织架构即控股公司结构，母公司通过对子公司部分或全部控股来管理集团的资金与运营。各子公司都是独立的法人、独立的利润中心，具有较强的独立性和自主性。

M 型组织架构即事业部结构。集团按照产品、技术、销售、地域等设立半自主性经营事业部，各事业部在集团总部授权范围内负责各自的入场活动与管理决策，属非独立法人，但独立核算、自负盈亏。

（2）按职能、对象划分

按职能、对象划分，企业的组织架构通常分为职能型、事业部型、矩阵型。

① 职能型组织架构是以集团的核心活动（如研发、生产、销售等职能）为标准划分建立的组织架构。

② 事业部型组织架构是以集团的核心产品（对象）为出发点建立起来的组织架构。

③ 矩阵型组织架构是同时按照职能和对象两个标准划分的组织架构，它是职能型组织架构与事业部型组织架构的变形，通过使用双重权威、信息及报告关系和网络实现跨部门协作与总部的共享管理。

不同的分类方法有不同的出发点，体现不同的企业管理思路。虽然不同的企业会选择不同的组织架构形式，但一般都会以实现管理的科学与高效为设立目标，形式不一而同。例如，针对企业广泛采用的控股型组织架构，可以建立如下架构形式，如图 2-3 所示。

图 2-3　控股型组织架构

2. 企业组织架构与流程梳理

企业组织架构随着企业的发展、管理水平的提升，其形式也处于动态变化中。企业在实施全面预算管理的过程中，梳理组织架构与流程是达到全面预算执行效果的基本保障之一，企业应找到组织架构相互交叉重叠的职能部门，调整部门设置及职责，确保组织能满足企业管理控制需求。在实际工作中，企业组织架构的梳理通常应集中解决以下两个方面的问题。

（1）注重解决企业组织架构与流程有效性不足的问题

组织架构的有效性通常从三个方面考察，即组织架构的设计、组织要素、组织功能。有些企业的组织架构不科学，这往往会造成企业内部决策权的分配不合理，导致权利与利益不对等；人员激励政策的不足、考核与评估机制的不完善，将直接导致企业整体工作效率的降低。这些基础问题会对全面预算管理的有效实施形成掣肘。同时，也有一些企业在组织管理责任上尚未形成前述责任中心模式，企业各单位与各部门职能模糊、权责功能不明。例如，有些集团公司，集团层面什么都管（如投资、利润、成本），过于集权，导致功能分配不清、关系不明、管理混乱。企业施行全面预算管理，一方面有助于改善这种混乱的状况，另一方面也可以对企业的原组织架构，包括具体工作流程进行改进与梳理。企业组织架构与流程的梳理应以企业整体战略为前提，结合企业具体领域、行业、经营特点等进行有针对性的梳理。

（2）注重解决将预算管理简单地归于财务部门的观念问题

现实中，很多企业的管理者都认识到了全面预算的重要性，也在积极实施，但实际效果却不理想，究其原因，其中一个认识误区影响深远，那就是认为预算主要是财务部门的任务，应由财务部门负责预算的全盘工作。尽管有些企业建立了全面预算的组织架构，但却流于形式，没有真正将预算基础前置到企业组织架构的设计与梳理环节。

实际上，企业应在建立健全全面预算管理体制的基础上，按照不相容职务相互分离的原则，细化各部门和各岗位在预算管理体系中的职责、分工与权限，明确预算编制、执行、分析、调整、考核各环节的授权批准制度与程序。例如，在全面预算管理架构中，针对预算管理部门的设计，企业可以根据自身的组织结构、业务特点和管理需要，责成内部生产、市场、投资、技术、人力资源等各预算归口管理部门负责所归口管理预算的编制、执行监控、分析等工作，也可以由财务部门、审计部门完成监控等工作。总体来说，企业的组织架构与全面预算管理的架构应尽可能实现协调统一，这样才能保证全面预算管理工作的有效实施。

[例 2-1] 某公司为商业企业，原只有三家超市。随着发展，超市数量达到 30 多家，同时兼并了一家建筑设计机构，开设了典当行及豆制品厂。随着业务的多元化，公司决策层对管理感到力不从心。业务部门职能交叉，造成很多事情"多个部门管，却最终没人管"的现象，追责困难。

在公司实行全面预算管理后，为了配合预算的实施，决策层以预算为契机，重新调整了组织架构，理顺了部门职责，设置了新的组织架构。该公司原组织架构图与调整后的组织架构图如下。

公司原组织架构图

调整后的公司组织架构图

2.2 全面预算管理制度的构建与完善

建立配套的全面预算管理制度是成功进行全面预算管理的下一层保障。从整体上看，全面预算管理制度是企业内部高度集中的一种制度，即总的预算由集团总公司或最上级管理机构主管完成，通过实施项目责任管理和逐级负责制实现预算的逐级管理。对企业来说，全面预算管理制度应纳入企业基本管理制度。全面预算管理更多的是内部管理，需要各部门更加有效协调、按章办事，因此，除企业整体基本管理制度与各部门本身的管理制度外，从预算角度也需要进一步补充与完善相关制度。

2.2.1 全面预算管理制度

在全面预算管理组织框架中，虽已明确各预算管理机构与职责，但在具体执行中还是会遇到各种问题，因此将制度进一步细化成了企业的一项重要工作。例如，某电网公司在全面预算编制中使用的是滚动预算，在此前提下制定了相应的管理办法，部分内容参见下文。

某电网公司中长期滚动预算管理办法

第一章　总则

第二章　组织方式

第三章　范围和内容

第四章　编制及报审

……

第十五条　滚动预算编制的主要依据。

（1）国民经济中长期发展规划。

（2）企业战略目标和中长期经营发展规划。

（3）中长期滚动预算编制大纲。

（4）滚动预算编制前三年企业的经营情况分析资料。

第十六条　滚动预算编制的基本假设条件。

（1）经营环境假设，指针对影响预算期财务状况的外部经营环境因素做出的假设。

（2）主要指标假设，指对预算期企业主要经济技术指标的变动预测。

第十七条　滚动预算应与年度预算保持有效衔接。

第十八条　滚动预算编制及报审应按照以下程序进行：

（1）国家电网公司每年向各区域电网公司、省公司下达滚动预算编制大纲；

（2）各区域电网公司根据国家电网公司下达的滚动预算编制大纲，组织所属省公司开展预算编制工作；

（3）各省公司根据预算编制大纲，结合企业具体情况，编制滚动预算大纲，组织相关部门和所属单位编制本企业的滚动预算方案，并上报区域电网公司和国家电网公司；

（4）国家电网公司根据中期战略目标和中长期规划，对区域电网公司和省电网公司滚动预算方案进行审查。

第五章　执行与分析

第六章　附则

2.2.2　财务管理制度及其他部门制度

财务部门虽不是全面预算工作的主导者，但在预算过程中却具有重要的地位和作用，因为各项预算指标的编制、执行、考评很大程度上依赖于财务指标的体现。因此，完善财务管理制度，使其与预算协调一致是全面预算管理工作必不可少的环节之一。例如，精细化的预算管理要求企业做到按部门分解费用、按责任中心分解产品成本，而以往财务部门的核算更多是按会计科目进行的，看不出费用具体出自哪个部门，这就需要按预算要求改变核算方式，划小核算单位，在收入、费用明细科目下设置部门明细账，使会计处理既满足核算要求，又满足预算管理需求。因此，强化相关的财务管理与部门制度建设，提高财务管理水平，是顺利实施全面预算管理的重要前提条件。具体可包括以下制度设计。

1. 部门间核算制度

各部门之间按一定的价格进行核算（比如生产车间按成本加成10%作价转移到销售部门），以利于衡量和评价各部门的生产经营业绩。

2. 统一会计核算制度

公司及各营业部门按统一的会计科目与方法进行会计核算。

3. 现金管理制度

对集团公司来说，应将集团下属各公司的资金账户进行统一管理，做好现金集中上划工作。各分（子）公司或营业部的现金存入这些账户，一定限额内可自主使用，超出部分要得到集团公司的批准。

4. 固定资产项目投资管理制度

各分（子）公司或营业部在一定范围内可自行安排固定资产投资。一些时间较长、数额巨大的投资预算或范围超过一个经营部门的，须先经集团公司执行委员会审议，再报财务委员会审批拨款执行。

以下是某公司固定资产项目投资管理制度的部分内容，供读者参考。

固定资产项目投资管理制度

......

2. 项目管理原则和权限

2.1 项目管理采取以生产单元作为依托、以分公司和项目组为核心、职能管理有效支持的矩阵式管理模式。

2.2 项目采用分类管理、分层授权的管理方式。

2.3 项目的审批属性和授权限额。

2.3.1 授权限额

（1）单项投资总额占最近一期经审计的净资产30%以上的，须经过公司股东大会批准。

（2）单项投资总额占最近一期经审计的净资产10%以上不满30%的，须经过公司董事会批准。

（3）单项投资总额占最近一期经审计的净资产不满10%，且未列入公司经营规划和年度预算的，须经过公司执行董事一致批准。

（4）单项投资总额占最近一期经审计的净资产不满10%，且已列入公司经营规划和年度预算的，由公司总经理批准。

2.3.2 分公司单项投资的审批权限

按照授权审批限额，项目分两类：限上项目、限下项目。

A分公司授权限额为5 000万元，其他分公司为3 000万元。

5. 审计及其他相关制度

企业应设有审计委员会，督促各级管理部门准备会计报表，并请会计师查账。

除财务部门外，其他管理部门也需要对照全面预算管理的要求，补充完善本部门的相关制度。例如，人力资源管理部门应就预算管理的相关工作做好人员培训、人才选择、岗位职责设立等工作。除此之外，还应完善以下相关制度。

（1）生产管理制度

全面预算管理机制的运行需要进一步完善生产管理制度，企业应根据目标利润、生产需求、资源能力等制订生产计划，确定生产方式，进行生产调度和生产检查。严格的生产管理制度能使企业生产安全、有序、高效进行，为全面预算管理机制的运行提供可靠的保障。

（2）质量管理制度

全面预算管理是一种全方位管理，而不局限于财务管理方面。如果为了降低产品成本而导致产品质量下降，就会给企业带来负面影响。只有在严格的质量标准控制下，企业才能进行正常的预算管理。全面预算管理机制只有建立在严格的质量控制制度基础上，才能健康且有效地运行。

（3）评价激励制度

在企业全面预算管理工作中，应确立以人为本的管理观念，建立有效的企业激励与约束机制，以全面提高预算工作的效率和效果。评价激励制度主要包括业绩考评制度和奖惩激励制度。

2.3　全面预算目标的确定与分解

企业战略目标是全面预算管理的导向。全面预算管理的目标应与企业发展目标一致。预算的编制通常以企业战略目标为基础，根据战略目标提出长短期计划，确定预算长短期目标，并通过执行使预算目标落到实处，促使企业充分挖掘并合理利用一切资源。

2.3.1　全面预算目标的确定

1. 确定企业总体战略

总体战略一般由企业高层管理者确定。全面预算管理委员会作为全面预算管理的组织协调机构，应根据相关信息，包括环境分析资料、企业目前和以往的财务状况，通过对价值链、成本动因分析得出的战略成本实际情况、产品生命周期、企业目标等，综合权衡并提出战略发展意见。企业高层领导针对全面预算管理委员会提出的战略发展意见进行协商并确定企业总体战略。

2. 确定企业具体战略（职能层战略）

职能层战略是各职能部门，如研发、人力资源、财务等部门制定的工作目标和行动策略，通常应由全面预算管理委员会组织协调相关责任部门完成。首先，明确预算的制定部门，也是未来预算控制的责任部门；其次，要求各责任部门整理相关数据，包括各项历史数据、行业标准数据、先进水平数据等，然后结合总体战略分析现状，寻找差距；最后，制定各部门战略目标，为预算目标的确定打下基础。

以成本领先战略企业为例，成本领先战略企业的目标是要确保竞争成本较低，因此企业在制定人力资源战略时要充分考虑员工成本，包括考虑员工的技术熟练程度和素质高低，这就需要将增加现有员工的岗位培训开支、提高工作效率，减少不熟练工人数量以降低人工成本等列为目标。

3. 确定企业具体预算目标

预算是一种特殊的计划，通过确定预算目标体系实现对目标更精确、量化的描述。在此过程中需要进一步确定预算目标的指标体系，通过各基本指标的设计与考评将企业经营目标与发展战略具体体现出来。预算目标指标体系的构成通常如图2-4所示。

企业各业务部门、预算部门和其他经营管理职能部门要广泛收集业界、竞争对手，特别是标杆企业的信息，综合公司3~5年的经营和资源情况，提出下一年度经营计划，确定下一年度经营指标，通过广泛沟通、商讨以及多次会议论证分析，将经营计划转换为年度预算目标并编制预算。

图 2-4 预算目标指标体系的构成

2.3.2 全面预算目标的分解

企业制定全面预算目标后，为落实预算，通常会将预算目标分解到各责任单位。预算企业在分权管理中通常会将承担与经营决策权相适应的经济责任部门或区域划分成不同的责任中心，包括投资中心、利润中心、成本中心、费用中心以及收入中心。划分责任中心后，企业可以进一步明确各责任中心的预算责任目标，通过责任预算，使企业预算管理责任化并提高预算的有效性。责任预算是责任中心的奋斗目标，也是企业对责任中心进行考核的依据。

企业通过编制责任预算，可以实现总预算指标的分解。这些指标分解到各责任中心，各责任中心在权责范围内对指标进行控制，并对可控指标承担责任。各责任中心的主要责任指标各有不同，具体如表 2-1 所示。

表 2-1　各责任中心的主要责任指标

责任中心	主要责任指标
成本中心	成本变动率 产品单位成本 产品生产成本消耗定额
费用中心	费用率 费用总额 单项费用定额
收入中心	销售增长率 销售回款率
利润中心	边际贡献 部门利润
投资中心	投资报酬率 剩余收益

确定了各责任中心的责任指标后，企业要对每一个责任中心的预算执行情况进行跟踪，定期将实际数与预算数相对比，找出差异、分析原因并进行调整，期末以此为标准进行业绩考核与奖惩。

各责任中心确定预算指标后，还需将指标进一步细化。由于这一过程直接影响预算的执行，因此指标分解、细化的过程要尽量科学、严谨、有效。通常遵循以下基本原则：

（1）按价值量分解，保证指标的可衡量性；

（2）应分尽分，不留死角，保证指标分解的彻底性；

（3）谁可控谁承担，责任到人，保证做到责权利的有效统一；

（4）指标分解与保证措施相结合，确保预算指标的落实。

所有指标应落实到具备主要控制手段的责任人，每项指标都要有相应的保证措施。预算指标责任人要制订详细的可行性计划，明确阶段性目标和长远目标，以及实施办法和检查方案等。

预算一经批复下达，预算执行单位应当将预算作为预算期内组织、协调各项经营活动的基本依据，主要工作如下：

（1）将年度预算细分为月份和季度预算，分期进行预算控制，确保年度预算目标的实现；

（2）将全面预算分解为部门分预算，明确各预算执行单位的工作目标；

（3）各预算执行单位将预算指标层层分解，从横向和纵向落实到内部各部门、各单位、各环节和各岗位，形成全方位的预算执行责任体系，保证预算目标的实现。

2.4　全面预算编制程序的设定

在实践中，企业前期全面预算管理准备与基础工作完成后，将启动预算编制流程，随后完成编制、审批环节。

2.4.1　启动环节

在启动环节，企业要让各部门及分支机构了解下年度经营目标，为制定下年度预算做好准备。预算启动环节主要是让各级领导与员工了解预算的大概过程，包括通过会议流程形式完成战略规划、下达与分解年度经营指标、预算部门落实预算责任、下发预算文件、开展预算编制培训等工作。预算启动环节的步骤与主要内容如表 2-2 所示。

表 2-2　预算启动环节的步骤与主要内容

	步骤	主要内容及说明
1	全面预算管理委员会召开启动会议	总裁向参会人员传达董事会下达的战略发展规划
2	全面预算管理委员会成员讨论各部门（或责任中心）计划	确定责任中心编制预算的时间，落实部门职责
3	总裁办形成会议纪要	整理各部门发展规划、年度经营目标、预算部门职责以及编制时间
4	各部门（或责任中心）测算核心指标	财务部测算费用率及现金流等指标 市场部测算产品铺货率及新产品销量比率等指标 销售部测算人均销售量、订单满足率等指标 ……
5	总裁办汇总各部门（或责任中心）测算后的指标	将各部门测算指标进行汇总，递交全面预算管理委员会
6	全面预算管理委员会确定指标	全面预算管理委员会确定部门测算年度经营指标，通过后形成会议纪要并下达
7	各部门（或责任中心）分解年度指标	各部门依据本部门指标进行总预算指标分解
8	全面预算管理委员会审核分解后的指标	全面预算管理委员会审核部门分解指标，审核通过后下发；未通过审核的，由全面预算管理委员会提出修改意见，各部门修改后重新提交审核
9	各部门（或责任中心）召开预算工作会	挑选编制本部门预算的人员，传达公司全面预算整体精神，考虑部门内部预算编制和执行中可能遇到的问题

（续表）

步骤		主要内容及说明
10	全面预算管理办公室组织预算培训	培训内容包括预算编制流程、数据测算方法、表格填制方法、预算工作重点等
11	各部门（或责任中心）编制预算	各部门相关人员根据单位经营目标、预算指导文件、预算会议纪要编制预算

2.4.2　编制环节

在预算编制环节，预算部门根据下达的报表格式和编制要求编制初步草案，并上报审核。主要工作包括以下几项：

（1）各部门根据预算指标分解编制部门预算草案；

（2）财务部平衡各部门预算草案，编制企业全面预算草案；

（3）全面预算管理机构组织各部门讨论、平衡部门预算草案，编制平衡后的企业全面预算草案；

（4）各职能部门结合平衡结果调整本部门预算草案；

（5）财务部汇总各部门预算草案，然后上报全面预算管理机构。

2.4.3　审批环节

全面预算管理机构对各部门上报的预算草案进行审核，针对预算编制中存在的问题提出修改意见，并对修改后的草案进行批复。最后，财务部根据批复后的预算目标修正企业整体预算，并下达各部门执行。

2.5　全面预算编制的基本模式

企业在编制全面预算时，可能面临多种预算编制模式的选择。预算编制模式的选择通常与企业的管理体制（集权管理或分权管理）密切相关。

一般情况下，集权管理与分权管理的区别主要在以下两个方面。

（1）集权管理是把经营权限（包括财务权），特别是决策权集中在最高领导层，下属企业或部门只有日常业务决策权和具体的执行权。

（2）分权管理是把经营管理权限和决策权分配给下属单位，集团最高领导层只集中拥有少数关系全局利益和发展的重大问题决策权。

在不同的管理体制下，预算编制通常有四种基本模式，如图 2-5 所示。

图 2-5　预算编制的基本模式

2.5.1　高度集权的预算编制模式

1. 编制特点

高度集权的预算编制模式是一种"自上而下"的预算编制模式。它是由单位高管层根据本单位的战略目标确定预算目标，并亲自编制年度预算。

在高度集权的预算编制模式下，高管层直接编制年度预算，将预算目标分解下达至各级预算责任单位，各级预算责任单位只是预算的执行者，不参与预算的编制工作。

2. 主要编制过程

（1）高管层确定预算目标

高管层（如董事会或经理层等）根据本单位的中长期发展战略和预算年度的内外部经营环境制定预算年度的发展目标，并根据预算年度的发展目标来确定预算年度的预算目标，提出预算年度的营业收入、营业成本、利润等主要财务指标的预算目标。

（2）高管层编制年度预算

高管层根据年度预算目标和单位内部各级预算责任单位的实际情况编制年度预算。通过编制年度预算，将年度预算目标逐级分解至单位内部的各级预算责任单位。

（3）高管层召开预算编制征询会

高管层召开各级预算责任单位负责人会议，通报预算的编制情况，对预算目标和各项具体预算指标的确定做出说明或解释，听取各级预算责任单位对预算目标和各项具体预算指标的意见。高管层根据合理意见对预算方案做出修改。

（4）高管层召开预算编制发布会

高管层召开各级预算责任单位负责人会议，正式发布预算年度的预算方案，并对各级预算责任单位在执行预算的过程中应该注意的问题提出具体要求。

3.高度集权预算编制模式的优缺点

（1）优点

①有利于高管层进行决策控制。在此模式下，高管层负责制定预算年度的发展目标，并亲自监督落实，这有利于高管层将本单位的发展目标不折不扣地贯彻到全面预算目标中，使高管层的决策意图能够在全面预算中得到完整体现，从而保证了高管层对决策进行有效控制。

②有利于缩短预算编制时间，提高预算编制效率。高管层直接编制全面预算，不需要经过各级预算责任单位逐级编制、逐级汇总、逐级审核等环节，编制过程耗用的时间相对较短，使预算编制的效率得到了提高。

（2）缺点

①容易导致预算目标的分解脱离实际。由于各级预算责任单位不参与预算的编制工作，预算目标的确定和逐级分解都是由高管层独立进行的，而高管层很难全面、深入、细致地了解和掌握各级预算责任单位的实际情况，这就容易导致在确定预算目标，特别是在分解预算目标时出现一些脱离实际的现象。例如，某些预算指标制定得不合理，导致预算责任单位很难或很容易就可以完成指标等。

②容易导致各级预算责任单位对预算管理产生消极情绪。由于各级预算责任单位不能参与预算的编制工作，对预算的编制没有话语权和参与权，整个预算编制工作都是由高管层独立完成的，各级预算责任单位完全处于被动执行，甚至是强制执行的地位，这就使这些执行单位对预算管理产生消极情绪。

4.高度集权预算编制模式的适用对象

这种预算编制模式一般适用于采用高度集权管理模式下的小型企业。由于小型企业的业务不复杂，组织机构比较简单，管理幅度较小，高管层容易全面了解和掌握各级预算责任单位的实际情况，在预算编制过程中高管层与各级预算责任单位也比较容易沟通，因此小型企业采用高度集权预算编制模式编制的预算不容易脱离实际，易于得到各级预算责任单位的认同。

5.容易出现的问题与解决思路

（1）预算脱离实际问题。

（2）预算难以得到各级预算责任单位的广泛认同和积极执行。

这些问题可以通过以下方式解决：建立高管层通畅的内外部信息渠道，做到单位预算目标与员工个人目标相结合；使预算目标成为个人目标，加强高管层与预算责任单位的交流和沟通等。

2.5.2　集权为主、适当分权的预算编制模式

1.编制特点

集权为主、适当分权的预算编制模式是一种"先自上而下、后自下而上、再自上而下"的预算编制模式。

在这种编制模式下，高管层的集权主要体现在确定总体预算目标，将总体预算目标分解到各级预算责任单位。

这种编制模式使各级预算责任单位能够根据实际情况编制本单位的预算草案，成为预算编制的参与者。

2.主要编制过程

（1）高管层确定总体预算目标，并根据各级预算责任单位的实际情况对总体预算目标进行逐级分解。

（2）高管层提出预算编制的原则和要求。

（3）高管层召开预算编制布置会。

（4）各级预算责任单位编制本单位的预算草案。

（5）各级预算责任单位逐级审核、调整、审定、汇总并上报本单位的预算草案，上一级单位负责对下一级单位报送的预算草案进行审核、调整、审定和汇总，使之形成本单位汇总后的预算草案，直至形成单位总体预算草案。

（6）高管层召开预算审核会议，对各级预算责任单位汇总上报的预算草案进行审核、调整、审定和汇总。

（7）高管层召开预算编制发布会。

3.集权为主、适当分权预算编制模式的优缺点

（1）优点

①既体现了集权管理，又在一定程度上发挥了民主。

②有利于对各级预算责任单位的预算草案进行层层把关，使各级预算责任单位的预算草案尽可能符合相应层级预算责任单位的实际情况，从而保证预算的准确性、合理性和可行性。

（2）缺点

①编制预算所耗费的时间和精力比较多、效率也不高。

②上级预算责任单位直至高管层在审核、调整、审定和汇总下级预算责任单位上报的预算草案的过程中，容易出现因认识差异和利益冲突而导致的协调难的问题。

4. 集权为主、适当分权预算编制模式的适用对象

这种模式主要适用于采用集权管理模式下的大中型企业。

在大中型企业中，为了适应集权为主、适当分权的总体管理模式，管理者们一般都会对预算管理采取集权为主、适当分权的模式，因此这种预算编制模式在大中型企业中得到了广泛运用。

5. 容易出现的问题与解决思路

（1）预算编制的效率低。

（2）各级预算责任单位的权责利协调困难。

这些问题通常可通过以下方式解决：成立组织严密的预算管理机构，配备精干高效的预算编制人员；制定标准化的预算编制管理流程，把预算编制工作引入标准化的轨道；强化预算管理委员会的功能，最大限度地发挥预算管理委员会在预算编制过程中的组织和协调作用。

万科集团的管控模式

万科集团的管控模式主要由管理维度与管控保障构成。

1. 管理维度

万科的管理体系非常简单。总部主要从以下三个方面进行管控。

（1）财务。每个分公司现金流的管理和财务运营管理都由总部控制。

（2）投资。总部一管到底，也就是说具体要买哪块地，须经总部同意。

（3）人事。员工分五级，前三级由总部任命，其他由公司招聘。

2. 管控保障

虽然万科集团的管理维度不多，但要让这一体系真正有效运作起来，除了把握核心要素之外，还必须有充分的条件保障。依靠三十几年的文化积累和管理探索，万科集团主要依赖于以下三个方面的保障。

（1）以企业文化为基础。万科集团对企业文化、道德底线、价值观的管控非常到位。

（2）以制度和流程为平台。制定严密的管理制度和流程，通过IT手段控制审批，集团总部、区域总部、一线公司可实现高效沟通与信息共享。

（3）以业绩激励为推手。

2.5.3　分权为主、适当集权的预算编制模式

1. 编制特点

分权为主、适当集权的预算编制模式是一种"先自下而上、后自上而下"的预算编制模式。

这种预算编制模式是先由各级预算责任单位自行编制各自的预算草案，然后逐级往上报送，上级预算责任单位负责对下级预算责任单位报送的预算草案进行审核、调整、审定和汇总，并上报高管层，最后由高管层对下级预算责任单位报送的预算草案进行审核、调整、审定和汇总，制定单位的总体预算方案。

行政事业单位编制预算主要采用此种模式。

2. 主要编制过程

（1）高管层布置预算编制工作，提出预算编制的原则和要求。

（2）下级预算责任单位根据高管层提出的预算编制原则和要求，以及上级预算责任单位对本单位预算编制提出的具体要求编制本单位的预算草案，并经本单位负责人审核后报送给上级预算责任单位。

（3）上级预算责任单位对下级预算责任单位报送上来的预算草案进行审核、调整、汇总和审定，然后逐级往上报送，直至报送到高管层。

（4）高管层对各个预算责任单位报送的预算草案进行审核、调整、审定和汇总，制定单位总体预算方案。

（5）高管层召开预算编制发布会。

3. 分权为主、适当集权预算编制模式的优缺点

（1）优点

有利于调动和发挥各级预算责任单位在预算编制中的积极性和能动作用，使编制出来的预算更加切合实际。

（2）缺点

不利于把各级预算责任单位的生产经营管理活动统一到高管层的战略意图上来，容易造成单位资源的不合理利用。

4. 分权为主、适当集权预算编制模式的适用对象

这种预算编制模式主要适用于采用分权管理模式下的大中型企业。

一些大中型企业由于业务多元化，不同业务之间共性的东西比较少，不同的业务需要由不同的下级单位来生产、经营或管理，而不同的下级单位都分别是自主经营、自负盈亏的独立核算单位，因此，一些管理者就认为采用分权为主、适当集权的预算管理模式更适

合本企业。

5. 容易出现的问题与解决思路

分权为主、适当集权预算编制模式容易出现的问题及解决思路与集权为主、适当分权预算编制模式的相类似，这里不再赘述。

2.5.4 高度分权的预算编制模式

1. 编制特点

高度分权的预算编制模式是一种"自下而上"的预算编制模式。这种预算编制模式下，高管层既不制定总的预算目标，也不提出预算编制的原则和要求，各级预算责任单位完全自主地编制、审定自己的预算方案，然后将审定后的预算方案报送高管层备案。高管层不过问、更不干预各级预算责任单位的预算编制过程，将预算编制的管理权高度地下放给各级预算责任单位。

2. 主要编制过程

（1）各级预算责任单位自主编制本单位的预算。

（2）各级预算责任单位自主审核、调整、审定本单位的预算。

（3）各级预算责任单位将审定后的预算方案报送高管层备案。

3. 高度分权预算编制模式的优缺点

（1）优点

能最大限度地调动和发挥预算责任单位在预算编制过程中的积极性和能动作用，使预算更加切合实际。

（2）缺点

不利于把各级预算责任单位的生产、经营或管理行为统一到高管层的战略意图上来；也不利于各级预算责任单位之间的资源优势互补，容易造成资源的不合理利用；更不利于集中配置单位的各种资源来提升单位的整体竞争优势。

4. 高度分权预算编制模式的适用对象

这种预算编制模式主要适用于采用高度分权管理模式下的大型多级法人制单位。

在一些多级法人制单位，由于业务多元化，各种业务之间的关联度低，再加上最高管理层的管理思想偏向于分权管理，因此单位对预算编制乃至整个全面预算管理就会采取高度分权的模式。

5. 容易出现的问题与解决思路

如何通过全面预算管理把各级预算责任单位的生产、经营或管理行为统一到高管层的战略意图上来，使各级预算单位的预算能够充分体现高管层的战略意图，是高度分权预算编制模式的主要问题所在。

这些问题一般可以通过以下方式解决：

（1）高管层通过各种有效方式向各级预算责任单位描绘单位的战略意图，让各级预算责任单位了解并深刻领会单位的战略意图，自觉地把单位的战略意图贯彻到预算中去；

（2）集中配置单位的各种资源，以便培育单位的整体竞争优势、实现单位的战略目标等。

在实务中，企业一般较少采用这种预算编制模式。

2.5.5　全面预算编制模式的比较

全面预算编制模式的比较如表 2-3 所示。

表 2-3　全面预算编制模式的比较

编制模式	特点	优点	缺点	适用对象
高度集权	"自上而下"，由单位高管层亲自编制全面预算	有利于高管层进行决策控制，有利于缩短预算编制时间，提高预算编制效率	容易导致预算目标的分解脱离实际，以及各级预算责任单位对预算管理产生消极情绪	采用高度集权管理模式下的小型企业
集权为主适当分权	"先自上而下、后自下而上、再自上而下"，先由高管层确定总体预算目标，再分解到各级预算责任单位，预算责任单位根据实际情况编制本单位的预算草案	既体现集权又发挥民主，有利于对各级预算责任单位进行把控，使预算草案符合实际情况，保证预算的准确性、合理性和可行性	耗费的时间和精力过多、效率较低，上下级之间、各部门之间可能出现因认识的差异和利益的冲突而导致的协调难的问题	采用集权管理模式下的大中型企业
分权为主、适当集权	"先自下而上、后自上而下"，先由各级预算责任单位自行编制草案，然后逐级上报，上级单位负责审核、调整、审定和汇总预算方案	有利于调动预算责任单位在预算编制中的积极性和能动作用，使编制出来的预算更加切合实际	不利于体现高管层的战略意图	采用分权管理模式下的大中型企业
高度分权	"自下而上"，预算责任单位完全自主地编制、审定自己的预算方案	有利于调动和发挥预算责任单位的积极性和能动作用，使预算更加切合实际	不利于体现高管层的战略意图，不利于各单位之间的资源优势互补，不利于培育企业整体竞争优势	较少用

第 3 章

经营预算

——开启全面预算的编制

经营
预算

3.1 经营预算概述
　3.1.1 经营预算的目的
　3.1.2 经营预算体系的构成

3.2 销售预算
　3.2.1 销售预算的编制步骤与预测方法
　3.2.2 销售预算的编制示例

3.3 生产预算
　3.3.1 产量预算
　3.3.2 直接材料预算
　3.3.3 直接人工预算
　3.3.4 制造费用预算

3.4 产品成本预算
　3.4.1 产品成本预算的编制方法
　3.4.2 产品成本预算的编制示例

3.5 期间费用预算
　3.5.1 销售费用预算
　3.5.2 管理费用预算
　3.5.3 财务费用预算

　　全面预算管理由多个环节构成。许多企业都对预算编制工作比较重视，但在具体执行时，却难以把每一个环节执行到位。这也从某个角度反映出预算编制工作的重要性。

　　不同的企业，全面预算的编制体系构成有所不同，通常要与企业的经营特点相结合，但基本预算编制工作都包括经营预算、资本预算和财务预算。其中，有些企业会将现金预算单独列示，有些则归入财务预算；有些企业单列筹资预算，而有些企业会将筹资预算列入现金预算。无论如何列示，都不影响预算编制的整体过程。在全面预算编制过程中，经营预算一般都会作为预算编制的起点。图 3-1 和图 3-2 分别是两家公司的全面预算编制体系示例。

图 3-1　全面预算编制体系示例 I

图 3-2　全面预算编制体系示例 II

3.1 经营预算概述

企业经营的主要目标是盈利，这就离不开日常生产经营活动，其中产品的生产、销售作为日常经营活动的重要环节，每时每刻都在发生变化。所以，在一个企业的全面预算体系中，包括销售、生产、成本、费用、存货等项目在内的经营预算具有较强的操作性和时效性，它也是最基本的预算，在企业战略计划和具体生产经营之间起着承上启下的作用。

经营预算也称业务预算，是为规划和控制未来时期的生产销售等日常业务以及与此相关的成本费用和收入而编制的预算。它是企业总预算的基础，同时对企业日常生产经营活动的安排具有重要的指导意义。经营预算的内容主要包括销售预算、生产预算、产品成本预算以及期间费用预算，本章重点介绍这四部分预算，其他经营预算内容暂不在此探讨。

3.1.1 经营预算的目的

经营预算就是在目标利润和销售预测的基础上，先对企业的产品销售进行预算，再按"以销定产"的方法，逐步对生产、材料采购、存货、费用等进行预算。从这方面可以看出，编制经营预算是基于企业内外综合情况的考虑，为企业的成长和发展创造一个良好的内外部环境。具体来说，编制经营预算的目的有以下几点。

1. 明确企业的生产经营目标和奖惩标准

企业为了在日益激烈的竞争中取胜，必须确立长远和日常的生产经营目标，并对员工的工作加以约束，明确各自的任务和奖惩条件。考虑到长短期间环境的变化，经营预算应至少明确企业一年之内的经营目标，很多企业的年度经营预算更是置于五年乃至更长期间的计划当中，目的是对企业的远景有一个比较清楚的描绘。同时，经营预算的可执行性非常强，通过细化可以明确每个员工的任务，并能够与奖惩机制挂钩。

2. 协调企业内部关系

随着企业规模的扩大，内部组织结构会越来越复杂。为了协调和理顺企业内部各部门之间的关系，编制经营预算就是不可缺少的。

经营预算的编制涉及销售、生产、采购等业务部门，也涉及财务、人力资源等职能部门，需要从下到上、从上到下反复协调。在这个过程中，如果做到了上下级之间、不同部门之间信息传递通畅，就可以避免产生误解和信息滞后。

3. 适应复杂多变的外部环境

企业作为微观经济主体，是市场经济中的一分子，做出每一个决策都需要考虑市场供求、消费者行为、政府规章等各方面情况，这些方面并不是静止不动的，而是处在不断变化的状态中。因此，企业在生产经营的每个阶段都需要总结过去、分析现状、预计将来，并依此做出计划，以便指导企业的行动。

编制经营预算正是出于适应外部环境的目的。在企业战略的指导下，经营预算涉及企业日常经营活动的各个方面，它通过对销售和采购的分析与企业所在的行业链条相契合，通过费用预算与银行、政府等会对企业产生重大影响的部门相协调。

3.1.2　经营预算体系的构成

编制全面预算的一个重要目标就是增强不同组织、不同部门之间的沟通与合作，经营预算作为全面预算编制中的一个关键环节，范围是非常宽泛的。经营预算是一个上下循环的体系，经营预算的编制实际上是从销售预算开始的。这是因为，没有对销售的估计就无法合理编制生产预算。经营预算体系的构成如图 3-3 所示。

图 3-3　经营预算体系的构成

3.2　销售预算

销售预算是指预算期内预算执行单位销售各种产品或者提供各种劳务可能实现的销售量或者业务量及其收入的预算，它主要依据年度目标利润、预测的市场销量或劳务需求及提供的产品结构以及市场价格编制。

在现代市场经济条件下，很多企业是根据"以销定产"的方式进行经营活动的。因此，以销售预测为基础的销售预算是其他预算的起点，只有把销售预算做好，下一步的生产预算才有可靠的基础，从而进一步影响成本、费用及存货预算。同时，销售收入也是企业现金收入的主要来源，所以销售预测的准确程度对整个全面预算的科学性及合理性起着至关重要的作用。

销售预算是关于预算期内销售量和销售收入的规划，它是以销售为核心的预算管理模式下预算体系的起点。销售预算需要全体员工的参与，而高层管理人员、市场分析人员及财务人员在其中起着更为重要的作用，他们的专业知识和判断能力对销售预测的合理性有极大的影响。

3.2.1 销售预算的编制步骤与预测方法

1. 销售预算的编制步骤

（1）确定产品的市场定位。

（2）分析产品市场需求的特征。

（3）分析产品市场供给的特征。

（4）判断每种产品或产品组合能够取得的合理市场份额，或者说可能的销售量。

（5）以上述四项分析为基础，编制用销售量和价格表示的销售预算。

前三个步骤需要全体员工参与，但重要的分析定位工作和最终的结果还是需要市场分析人员和高层管理人员来做，第四和第五个步骤则主要由财务人员完成。因为第四和第五步已经到了销售预算的最终编制阶段，需要对信息进行集中分析和整理，这对专业知识的要求比较高。

2. 销售预算的编制流程

编制销售预算的一个关键环节是对预算期销售情况的预测，只有预测出比较合理的销售量，再辅以企业经过市场供需情况及竞争状态的分析，并结合长期战略确定的价格，才能得出一定期间的销售收入。销售预算的编制流程如图3-4所示。

图 3-4　销售预算的编制流程

3. 销售预测的基本方法

销售预测的基本方法可以分为定性分析法和定量分析法两类。

（1）定性分析法

定性分析法又称非数量分析法。它主要是依靠预测人员丰富的实践经验和知识以及主观的分析判断能力，在考虑政治、经济形势、市场变化、经济政策、消费倾向等对经营活动的影响的前提下，对事物的性质和发展趋势进行预测和推测。

定性分析法又分为判断分析法和调查分析法两类。

①判断分析法是指销售人员根据直觉判断进行预估，然后由销售经理加以综合，从而得出企业总体销售预测的一种方法。

由于销售人员接近和了解市场，熟悉自己所负责区域的情况，因此用这种方法得出的预测数据比较接近实际。另外，采用这种方法，便于确定分配给各销售人员的销售任务，发挥其积极性，激励他们努力完成各自的销售任务。但是，由于受各种因素的影响，销售人员的预测也会出现偏差，往往需要修正。

②调查分析法是指通过对代表性客户消费意向的调查来了解市场需求的变化趋势，以此进行销售预测的一种方法。

企业的销售量取决于客户的消费意向，客户的消费意向是销售预测中最有价值的信息。如果企业通过调查可以了解预算期内客户的购买量，客户的财务状况和经营成果，客户的爱好、习惯和购买力的变化，客户购买本公司产品占其总需要量的比重以及选择供应商的标准，那么对销售预测将更有帮助。企业在调查时应当注意以下几点：

首先，选择的调查对象要具有普遍性和代表性，应能反映市场中不同阶层或行业的需求及购买需要；

其次，调查的方法一定要简便易行，使被调查对象愿意接受调查；

最后，对调查所取得的数据和资料要进行科学的分析，去伪存真、去粗取精。

只有这样，所获得的资料才具有真实性、代表性，才能作为预测的依据。

（2）定量分析法

定量分析法也称数量分析法。它主要是应用数学方法，对与销售有关的各种经济信息进行科学的加工处理，同时建立相应的数学模型，充分揭示各有关变量之间的规律性联系，并得出相应的预测结论。

定量分析法主要有趋势预测分析法、因果预测分析法、季节预测分析法和购买力指数法四种方法。下面主要介绍趋势预测分析法和因果预测分析法。

①趋势预测分析法。这种分析法是将企业的历史销售数据按发生时间的顺序排列，然后应用一定的数学方法进行加工处理，按时间数列找出销售随时间而发展变化的趋势，由此推断其未来发展趋势。

常用的趋势预测分析法有算术平均法、加权移动平均法、指数平滑法、回归分析法和二次曲线法等，其中指数平滑法应用较为广泛。

指数平滑法是加权移动平均法的一种特殊形式，它通过用加权平均因子a的幂对最近一期销售量（额）的预测值和该期的实际销售量（额）进行加权，以求得预算期销售量（额）的预测值。其计算公式如下：

$$S_t = aX_{t-1} + (1-a)S_{t-1}$$

公式中，S_t 表示第 t 期销售量（额）的预测值，X_{t-1} 表示第 t-1 期的实际销售量（额），S_{t-1} 表示第 t-1 期销售量（额）的预测值，a 表示指数平滑系数（$0 \leq a \leq 1$）。

[例 3-1]YS 公司为制造型企业，201× 年 2 月销售预测值为 60 万元，实际销售额为 65 万元，加权平均因子 a=0.90，请预测 YS 公司 201× 年 3 月的销售额。

销售预算额 =65×0.90+60×（1-0.90）=64.50（万元）。

②因果预测分析法。这种分析法是利用相关因素与产品销售之间的函数关系进行产品的销售预测。其中的相关因素是对产品销售起着决定性作用或与产品销售存在某种函数关系的因素。因果预测分析法最常用的方法是回归分析法，包括回归直线法和多元回归法等。

a. 回归直线法，也称一元线性回归分析法。它是按照数学上的最小二乘法来确定一条误差最小的能够反映变量 X 和 Y 之间函数关系的直线，以此预测 Y 的取值。其计算公式如下：

$$Y = a + bX$$

公式中，Y、X 分别表示因变量和自变量。

b. 多元线性回归法。在实际问题中，影响因变量的因素有很多，可能会用到两三个甚至更多的自变量。这时就需要进行多元回归分析，其计算公式如下：

$$Y = a + b_1X_1 + b_2X_2 + b_3X_3 + \cdots + b_nX_n$$

公式中，Y 表示因变量；a 为常数；X_1、$X_2 \cdots X_n$ 表示各自变量；b_1、$b_2 \cdots b_n$ 表示每个 X 变动一个单位时，Y 的变动值。

[例 3-2]YS 公司为制造型企业，对 201× 年商品销售额 Y（万元）进行预测，选取了两个主要影响因素：一是促销费用 X_1；二是经营人员人数 X_2，具体数据见下表。当用二元线性回归法预测公司下一年度促销费用为 20 万元，经营人员增至 35 人时，将有多少销售额。

YS 公司 201× 年销售预算的相关数据

样本	Y	X₁	X₂
1	26	17	29

（续表）

样本	Y	X_1	X_2
2	30	18	32
3	24	16	25
4	32	19	34
5	31	18	33
6	30	18	31
7	27	17	30
8	27	18	30

根据上述资料，YS 公司 201× 年的销售预算如下：

$Y_i = b_0 + b_1 X_{1i} + b_2 X_{2i} + u_i$

根据最小二乘法（一般借助统计软件），可确定：

$b_0 = -4.589$，$b_1 = 0.467$，$b_2 = 0.811$

代入前述公式可得：

$Y = -4.589 + 0.467 X_1 + 0.811 X_2$

将下一年度数据 X_1（促销费用）=20、X_2（经营人员）=35 代入得到：

$Y = 33.14$，即下一年度销售预测额为 33.14 万元。

（3）定性分析法与定量分析法相结合

由于经济生活的复杂性，并非所有影响因素都可以通过定量进行分析，某些因素（如经济形势的变动、宏观环境的变化、市场前景的预测、消费倾向的变化）只有定性的特征；另外，定量分析本身也存在局限性，任何数学方法都不能概括所有复杂的经济变化情况。如果不结合预测期间的经济、市场以及政策方面的变化情况，必然会导致预测结果脱离客观实际。所以，我们必须根据具体情况，把定量分析法与定性分析法结合起来使用，这样才能收到良好的效果。

3.2.2　销售预算的编制示例

销售预算的编制比较简单，我们以定性分析法为例，通过对销售数量和价格的预测进行销售收入预测以及现金收入预测。主要涉及以下关系式：

销售收入 = 销售数量 × 销售价格

预计本期现金收入 = 本期销售收入 × 本期收回现金比例 + 上期销售收入 ×

上期销售收入中本期收回现金比例

[例 3-3] YS 公司为制造型企业，生产 A、B 两种产品。预算期（201× 年）A 产品四个季度的销售量分别为 100 件、102 件、105 件、108 件，销售价格为 2 000 元；B 产品四个季度的销售量分别为 70 件、75 件、80 件、85 件，销售价格为 5 000 元。每季度销售收入的 70% 于当季收到现金，其余 30% 于下一季度收到现金。期初应收账款余额为 150 000 元。

根据上述资料，YS 公司编制 201× 年度的销售预算表。

YS 公司 201× 年度销售预算表

金额单位：元

科目	产品项目	第一季度	第二季度	第三季度	第四季度	年度
预计销售量	A	100	102	105	108	415
	B	70	75	80	85	310
预计单位价格	A	2 000	2 000	2 000	2 000	2 000
	B	5 000	5 000	5 000	5 000	5 000
销售收入	A	200 000	204 000	210 000	216 000	830 000
	B	350 000	375 000	400 000	425 000	1 550 000
	小计	550 000	579 000	610 000	641 000	2 380 000
预计现金收入	期初应收账款	150 000				150 000
	第一季度销售收入	385 000	165 000			550 000
	第二季度销售收入		405 300	173 700		579 000
	第三季度销售收入			427 000	183 000	610 000
	第四季度销售收入				448 700	448 700
现金收入合计		535 000	570 300	600 700	631 700	2 337 700

注：期末应收账款余额 =641 000×30%=192 300（元）

3.3 生产预算

生产预算是从事工业生产的预算执行单位在预算期内所要达到的生产规模及其品种结构的预算。它在销售预算的基础上，依据各种产品的生产能力、各项材料和人工的消耗定额及其物价水平、期末存货状况编制。

生产预算是在销售预算的基础上，考虑期初、期末产品存货的需要而编制的生产量预算。对于多环节生产的产品，往往还需要编制每一环节的半成品预算。

如果产品没有市场，那么即使生产出来也只能是永远的"存货"。因此，在现代竞争激烈的市场环境下，企业要想保持竞争优势和获利能力，就要做到"以销定产"，通过多方面考察分析可能的销售量，然后根据分析结果组织生产，也就是根据销售预算来编制生产预算和其他预算。

生产预算可以揭示企业生产、销售和存货之间的协调关系，明确企业生产活动的总进程。但是，单纯的生产预算还不能充分揭示出具体的生产活动内容，必须进一步确定相关的直接材料、直接人工和制造费用预算。企业在编制这些预算之前，应先编制生产预算，然后根据生产预算编制相应的成本费用预算。生产预算的编制流程如图 3-5 所示。

图 3-5　生产预算的编制流程

3.3.1　产量预算

企业应生产出充足的产品来满足销售预算中预计的需要量，并保证年末预期正常的存货数量。当然，企业还要考虑本年的期末存货，也就是下一年（预算年度）的期初存货数量。产品产量预算主要由生产部门负责编制，编制流程如下。

（1）确定预算基础资料，主要确定预算期的销售数量和产品存货。

（2）计算产品产量，计算公式如下：

产品产量 = 销售数量 + 期末产品库存量 – 期初产品库存量

［例 3-4］接［例 3-3］，YS 公司生产部门编制 201× 年产品产量预算，预计 201× 年的 A 产品年初、年末分别为 25 件和 30 件，B 产品年初、年末分别为 20 件和 24 件，并且各季度末存货量为下一季度销售量的 25%。

根据上述资料，YS 公司编制 201× 年度的产量预算表。

YS 公司 201× 年度产量预算表

单位：件

科目	产品项目	第一季度	第二季度	第三季度	第四季度	年度
预计销售量	A	100	102	105	108	415
	B	70	75	80	85	310

（续表）

科目	产品项目	第一季度	第二季度	第三季度	第四季度	年度
加：预计期末产成品存货	A	25.50	26.25	27	30	30
	B	18.75	20	21.25	24	24
减：预计期初产成品存货	A	25	25.50	26.25	27	25
	B	20	18.75	20	21.25	20
预计生产量	A	100.50	102.75	105.75	111	420
	B	68.75	76.25	81.25	87.75	314

注：产量预算是全面预算中唯一以实物量反映的预算。企业以生产预算为基础，可编制直接材料预算、直接人工预算以及制造费用预算等。

3.3.2 直接材料预算

直接材料在产品生产过程和最终的成本核算中占据重要地位，直接材料预算是以产量预算为基础编制的关于企业生产产品所需直接原材料的购买和投入、使用情况的预算。直接材料预算分为直接材料采购预算和直接材料采购现金支出预算两个步骤。

1. 直接材料采购预算

企业确定产品产量后，可以根据工艺流程和产品设计估算出需要的直接材料，当产品由多种原料共同生产而成时，应该先确定主要原料的使用量，然后根据主料和辅料的搭配比例计算出辅助材料的使用数量（本部分重点介绍主料使用量的预算）。一般来说，直接材料使用预算由生产部门负责编制。编制流程如下。

（1）确定生产预算的预计生产量。

（2）确定单位产品的直接材料消耗定额。

（3）确定计划期间的期初和期末材料结存数量。

（4）计算出直接材料预计采购数量，计算公式如下：

直接材料预计采购数量 = 预计产品生产量 × 单位产品的材料消耗定额 + 预计期末直接材料结存数量 − 预计期初直接材料结存数量

（5）确定直接材料的单价，计算总价。

2. 直接材料采购现金支出预算

根据采购材料的付款条件，确定预计的现金支出。计算公式为：

预算期采购现金支出 = 该期采购材料现金支出 + 该期支付前期的应付账款

[例3-5] 接 [例3-4]，YS公司生产部门编制201×年直接材料X的预算，生产A、

B 单位产品分别需要直接材料 X 材料 10 千克、15 千克，单价均为每千克 50 元。预算期内每季季末材料库存量占下季度生产需用量的 20%，预算期初存货量为 350 千克，预算期末库存量为 400 千克。

每季材料采购在当季度付款 70%，其余部分在下季度付款。预算期初的应付账款为 35 000 元。

根据上述资料，YS 公司编制 201× 年度的直接材料 X 预算表以及材料采购现金支出预算表。

YS 公司 201× 年度直接材料 X 预算表

科目	产品项目	第一季度	第二季度	第三季度	第四季度	年度
预计生产量（件）	A	100.50	102.75	105.75	111	420
	B	68.75	76.25	81.25	87.75	314
预计生产材料需要量（千克）	A	1 005	1 027.50	1 057.50	1 110	4 200
	B	1 031.25	1 143.75	1 218.75	1 316.25	4 710
	合计	2 036.25	2 171.25	2 276.25	2 426.25	8 910
加：期末材料库存（千克）	X 材料	434.25	455.25	485.25	400	400
减：期初材料库存（千克）	X 材料	350	434.25	455.25	485.25	350
预计材料需要量合计（千克）	X 材料	2 120.50	2 192.25	2 306.25	2 341	8 960
直接材料计划单价（元／千克）	X 材料	50.00	50.00	50.00	50.00	50.00
直接材料预算（元）	X 材料	106 025.00	109 612.50	115 312.50	117 050.00	448 000.00

YS 公司 201× 年度材料采购现金支出预算表

单位：元

科目	金额	第一季度现金支出	第二季度现金支出	第三季度现金支出	第四季度现金支出
预算期初应付账款	35 000.00	35 000.00			
第一季度采购金额	106 025.00	74 217.50	31 807.50		
第二季度采购金额	109 612.50		76 728.75	32 883.75	
第三季度采购金额	115 312.50			80 718.75	34 593.75
第四季度采购金额	117 050.00				81 935.00
预算期末应付账款	35 115.00				
现金支出合计		109 217.50	108 536.25	113 602.50	116 528.75

3.3.3 直接人工预算

直接人工预算通常由生产部门编制。直接人工预算是用来确定预算期生产车间人工工时消耗水平、人工成本水平及相关因素的预算。直接人工预算与直接材料预算相同，都要从产品产量预算开始，按必需的产量倒推出达到这些产量所需要的工人工作时间，确定标准工作时间和成本。

直接人工预算的编制流程如下：

（1）确定预计的生产量；

（2）计算出单位产品的工时定额；

（3）计算单位工时的费率。

计算公式为：

直接人工预算 = 预计生产量 × 单位产品工时定额 × 单位工时的费率

[例 3-6] 接 [例 3-5]，YS 公司生产部门编制直接人工预算，该公司计划期间需要一个工种，其中单位 A 产品的直接人工工时定额为 30 小时，小时工资率为 13 元，单位 B 产品的直接人工工时定额为 50 小时，小时工资率为 15 元。

根据上述资料，YS 公司编制 201× 年度的直接人工预算表。

YS 公司 201× 年度直接人工预算表

科目	产品项目	第一季度	第二季度	第三季度	第四季度	年度
预计生产量（件）	A	100.50	102.75	105.75	111	420
	B	68.75	76.25	81.25	87.75	314
单位产品工时定额（小时）	A	30	30	30	30	30
	B	50	50	50	50	50
直接人工工时	A	3 015	3 082.50	3 172.50	3 330	12 600
	B	3 437.50	3 812.50	4 062.50	4 387.50	15 700
	小计	6 452.50	6 895	7 235	7 717.50	28 300
小时工资率	A	13	13	13	13	13
	B	15	15	15	15	15
预计直接人工成本（元）	A	39 195.00	40 072.50	41 242.50	43 290.00	163 800.00
	B	51 562.50	57 187.50	60 937.50	65 812.50	235 500.00
	合计	90 757.50	97 260.00	102 180.00	109 102.50	399 300.00

3.3.4 制造费用预算

制造费用中的大部分费用不直接用于产品生产，而是间接用于产品生产，比如车间辅助人员的工资、车间厂房的折旧费等。所以，制造费用预算就是除直接材料和直接人工以外的其他产品成本的预算，它主要由生产部门负责编制。

由于制造费用的发生并不明确，它是为了某一种产品而产生的，所以不能像直接材料、直接人工成本那样直接归集到相应获益的产品上，只能在一定期间内对制造费用加以汇总，然后按照一定的方法分配到相应的产品成本中。

根据成本性态，制造费用分为变动制造费用和固定制造费用。在一定期间内，变动制造费用随着产量的增加而增加，固定制造费用则保持不变。分解变动制造费用的方法主要有直接人工标准工时分配法、生产工人工资比例法、机器工时比例法、按年度计划分配率分配法等。这些方法虽然分配依据不同，但原理都基本相同。

1. 制造费用预算的编制流程

（1）将变动制造费用总额除以一定的分配标准总额，这个分配标准可以是生产总工时、工人工资总额等。

（2）根据预计生产量与单位产品的预算分配率，计算变动制造费用。其中：

预算变动制造费用分配率 = 变动制造费用 ÷ 分配标准总额

（3）将固定制造费用进行累加。通常以上一年度的数据为基础，经过适当调整形成当年的固定制造费用预算，也可以选择一定的分配标准进行分配。

以直接人工标准工时分配法为例，固定制造费用的分配可以采用如下公式：

固定制造费用分配率 = 预算固定制造费用 ÷ 直接人工工作小时总数

（4）计算产品应负担的制造费用。公式如下：

某产品应负担的制造费用 = 该产品耗用的直接人工工作时间 × 变动制造费用分配率 + 固定制造费用

2. 制造费用预期现金支出的编制

多数制造费用都需要通过现金支付，但机器设备等固定资产的折旧不需要现金支出，在计算时需要扣除。

预计需要现金支付的制造费用 = 预计制造费用 − 折旧

［例3-7］沿上例，根据成本性态的分解，YS公司201×年变动制造费用和固定制造费用的预算资料如表1所示。其中，该企业变动制造费用按直接人工工时比例分配。固定制造费用中除折旧费之外均于当季度用现金支付。

根据上述资料，YS 公司编制的 201× 年度制造费用预算表和预计制造费用现金支出表如表 2、表 3 所示。

表 1　YS 公司 201× 年度制造费用资料汇总表

项目	明细项目	单位变动制造费用（元 / 小时）	年度固定制造费用（元）
变动制造费用	制造费用——试验检验费	1.50	
	制造费用——机物料消耗	1.30	
	制造费用——修理费	1.20	
	制造费用——水费	0.20	
	制造费用——电费	0.30	
	小计	4.5	
固定制造费用	制造费用——车间管理人员工资薪酬		100 000.00
	制造费用——劳动保护费		30 000.00
	制造费用——折旧费		50 000.00
	小计	6.36（180 000÷28 300）	180 000.00

表 2　YS 公司 201× 年度制造费用预算表

单位：元

项目	明细项目	产品项目	第一季度	第二季度	第三季度	第四季度	年度
变动制造费用	试验检验费	A	4 522.50	4 623.75	4 758.75	4 995.00	18 900.00
		B	5 156.25	5 718.75	6 093.75	6 581.25	23 550.00
	机物料消耗	A	3 919.50	4 007.25	4 124.25	4 329.00	16 380.00
		B	4 468.75	4 956.25	5 281.25	5 703.75	20 410.00
	修理费	A	3 618.00	3 699.00	3 807.00	3 996.00	15 120.00
		B	4 125.00	4 575.00	4 875.00	5 265.00	18 840.00
	水费	A	603.00	616.50	634.50	666.00	2 520.00
		B	687.50	762.50	812.50	877.50	3 140.00
	电费	A	904.50	924.75	951.75	999.00	3 780.00
		B	1 031.25	1 143.75	1 218.75	1 316.25	4 710.00
固定制造费用	车间管理人员工资薪酬	A	10 653.71*	10 892.23	11 210.25	11 766.78	44 522.97
		B	12 146.64	13 471.73	14 355.12	15 503.53	55 477.02
	劳动保护费	A	3 196.11	3 267.67	3 363.07	3 530.04	13 356.89
		B	3 643.99	4 041.52	4 306.54	4 651.06	16 643.11

（续表）

项目	明细项目	产品项目	第一季度	第二季度	第三季度	第四季度	年度
固定制造费用	折旧费	A	5 326.86	5 446.11	5 605.12	5 883.39	22 261.48
		B	6 073.32	6 735.87	7 177.56	7 751.77	27 738.52
制造费用	合计	A	32 744.18	33 477.26	34 454.69	36 165.21	136 841.34
		B	37 332.70	41 405.37	44 120.47	47 650.11	170 508.65

注：*10 653.17=100 000（车间管理人员工资薪酬总额）÷28 300（直接人工工时总数）×3 015（A 产品第一季度直接人工工时），其他固定制造费用的计算同理。

表3　YS 公司 201× 年度预计制造费用现金支出表

单位：元

项目	产品项目	第一季度	第二季度	第三季度	第四季度	年度
制造费用	A	32 744.18	33 477.26	34 454.69	36 165.21	136 841.34
	B	37 332.70	41 405.37	44 120.47	47 650.11	170 508.65
折旧费	A	5 326.86	5 446.11	5 605.12	5 883.39	22 261.48
	B	6 073.32	6 735.87	7 177.56	7 751.77	27 738.52
现金支出	A	27 417.32	28 031.15	28 849.57	30 281.82	114 579.86
	B	31 259.38	34 669.50	36 942.91	39 898.34	142 770.13
	合计	58 676.70	62 700.65	65 792.48	70 180.16	257 349.99

3.4　产品成本预算

产品成本预算是通过对直接材料预算、直接人工预算和制造费用预算涉及的主要成本数据进行汇总，得出企业产品的总成本、各种产品各自的总成本和各种产品的单位成本。

企业完成生产预算编制后，虽然产品成本的各要素项目都清楚了，但还不能了解产品总体的成本情况和单位成本数额，无法从整个企业供、产、销的链条上把握企业的生产经营状况，所以成本预算的编制是非常重要的。一般来说，成本预算需要由财务部根据采购部、生产部、管理部等各相关部门各自的预算数据汇总整理而成。

3.4.1　产品成本预算的编制方法

企业在编制产品成本预算时，可以根据本企业所在行业的特点、企业规模以及具体生产经营情况等因素，同时考虑企业成本核算方法，据此确定预算编制方法，比如标准成本法、作业成本法等。

1. 标准成本法

标准成本法的应用是比较广泛的。标准成本法并不是一种单纯的成本计算方法，而是成本计算和成本控制相结合，包括制定标准成本、计算和分析成本差异以及处理成本差异三个环节，它是一个完整的成本系统。根据标准成本所基于的环境不同，可以有三种不同状态的标准成本：理想标准成本、正常标准成本和现实标准成本。

（1）理想标准成本

理想标准成本是指以现有的生产经营条件处于最优状态为基础所确定的最低水平的成本。它的确定通常是依据理论上的生产要素耗用量、最理想的生产要素价格和可能实现的最高生产经营能力的利用程度。但是，由于这种成本的制定太过于理想化，因此在实际中很难实现。

（2）正常标准成本

正常标准成本是根据正常的生产要素耗用水平、价格水平和正常情况下的生产经营能力的利用程度来制定的。企业制定正常标准成本时，应将过去较长时期实际成本的平均值剔除其中存在的生产经营活动的异常情况，并考虑未来的变动趋势。这种标准成本可以经过努力来实现，而且只要企业的生产技术和经营管理条件无较大变化，就不必修订。因此，对企业来说，这种方法适合在经济形势比较稳定的条件下使用。

（3）现实标准成本

现实标准成本也被称为可达到的标准成本，是企业在现有的生产技术条件下，根据下一期最可能发生的生产要素耗用量、预计价格和预计的生产经营能力的利用程度而制定的标准成本。这种标准成本可以包括企业认为在短期内仍不能完全避免的某些不应有的低效率、失误和超量消耗，最适合在经济形势变化多端的情况下使用。

采用标准成本法编制预算，企业基本上是以现实标准成本为基础，考虑的条件是比较简化的，无明确的需要，没有必要进行复杂的分析。

2. 作业预算法

作业预算法是基于作业成本法的出现和逐渐成熟而产生的一种预算方法，目前在现代企业中正逐步被广泛应用，通常用于作业成本的预算方面。

作业预算也被称为作业基础预算，是确定企业在每一个部门的作业所发生的成本，明确作业之间的关系，并运用该信息在预算中规定每一项作业所允许的资源耗费量。作业基础预算也试图判断预算中各部分的执行状况，并说明预算差异的原因。作业基础预算与传统预算不同，作业基础预算是完成各种作业的成本预算，而传统预算是每一个职能部门或支出类别的成本预算。传统预算的编制重点在于成本的构成要素，如材料、人工、制造费用等，而作业基础预算强调完成各种作业的预计成本。企业将作业管理纳入预算过程可以大大提高作业成本的应用程度，作业基础预算可以明确驱动价值的要素，帮助企业创造价值。

作业预算中涉及的作业成本法的基本思路是作业消耗资源、产品消耗作业。具体来说，就是以作业为基础建立作业中心，进行资源归集，然后将各类成本汇总到制造中心，再根据成本动因将成本分配至成本对象。

作业预算（作业成本预算）就是把作业成本法应用于预算和控制，基本原则和作业成本法是相似的，是作业成本法的扩展和延伸。当企业生产经营的主要作业已经确定，预算中的成本也分派给了每项作业之后，与成本相关的成本动因也就可以确定了。在这个前提下，预算就可以在每个成本动因的预算总成本和预算单位成本动因消耗成本的基础上编制出来。

3.4.2　产品成本预算的编制示例

产品成本预算的主要内容是产品的单位成本与总成本的预算，其中计算单位成本的预算数据来自生产预算中的直接材料预算、直接人工预算和制造费用预算。公式如下：

产品成本 = 直接材料 + 直接人工 + 制造费用

［例 3-8］YS 公司根据 201× 年度的销售预算、生产预算、直接材料预算、直接人工预算、制造费用预算编制产品成本预算表。

YS 公司 201× 年度产品成本预算表

金额单位：元

项目	A 单位产品成本			B 单位产品成本		
	单价	单位耗用量	金额	单价	单位耗用量	金额
直接材料	50.00	10	500.00	50.00	15	750.00
直接人工	13.00	30	390.00	15.00	50	750.00
变动制造费用	4.50	30	135.00	4.50	50	225.00
固定制造费用	6.36	30	190.80	6.36	50	318.00
总计			1 215.80			2 043.00

3.5　期间费用预算

这里的期间费用指的是除制造费用以外的企业日常销售和经营管理活动所发生的各项

费用，所以期间费用预算主要包括销售费用预算、管理费用预算和财务费用预算。

销售费用预算不仅要反映预算期间预计的销售量所需要的相应费用支出，还要考虑营销费用，比如做广告、开展促销活动等产生的费用。应该注意的是，类似广告、促销等活动与企业的战略目标也是密切相关的。为了在一个较长的时间内保持现有市场份额并且不断增长，相关市场推广的支出在战略预算中是必不可少的。

管理费用预算则源于管理层对现有组织活动的支持和对成本的预期。

财务费用预算主要来源于长短期借款利息、应付票据及贴现利息等。

3.5.1 销售费用预算

销售费用预算是针对企业用于组织产品销售而发生的各类费用的预算。按照成本性态，销售费用分为变动销售费用与固定销售费用。

变动销售费用是企业在销售产品过程中发生的与销售量成正比例变化的各项经费，比如销售产品发生的包装费、运输费以及装卸费等。

固定销售费用是企业在销售产品过程中发生的不随产品销售量的变化而变化的各类费用。这些费用在一段期间内保持不变，如销售场所机器设备的折旧费、保险费等，也包括某些因管理当局的短期经营决策而可能发生改变的费用，如广告费等。

企业应先预测变动销售费用，然后再预测固定销售费用。

[例 3-9] 沿用 [例 3-3] 的数据，以下是 YS 公司编制的 201× 年度销售费用预算表。

YS 公司 201× 年度销售费用预算表

金额单位：元

项目	去年实际数	本年预算	第一季度	第二季度	第三季度	第四季度	年度
预计销售收入			550 000.00	579 000.00	610 000.00	641 000.00	2 380 000.00
变动销售费用							
销售佣金	0.315	0.315	173 250.00	182 385.00	192 150.00	201 915.00	752 750.00
运输费	0.25	0.25	137 500.00	144 750.00	152 500.00	160 250.00	595 000.00
包装费	0.05	0.05	27 500.00	28 950.00	30 500.00	32 050.00	119 000.00
小计	0.615	0.615	338 250.00	356 085.00	378 200.00	394 215.00	1 466 750.00

（续表）

项目	去年实际数	本年预算	第一季度	第二季度	第三季度	第四季度	年度
固定销售费用							
销售部门办公费	102 000.00	96 900.00	22 392.86	23 573.57	24 835.71	26 097.86	96 900.00
广告费	220 000.00	237 600.00	54 907.56	57 802.69	60 897.48	63 992.27	237 600.00
保险费	31 000.00	31 000.00	7 163.87	7 541.60	7 945.38	8 349.16	31 000.00
折旧费	16 000.00	16 000.00	3 697.48	3 892.44	4 100.84	4 309.24	16 000.00
其他	8 000.00	8 000.00	1 848.74	1 946.22	2 050.42	2 154.62	8 000.00
小计	377 000.00	389 500.00	90 010.50	94 756.51	99 829.83	104 903.15	389 500.00
销售费用合计			428 535.50	451 131.01	475 284.83	499 438.65	1 854 390.00
销售费用现金支出			424 838.03	447 238.58	471 183.99	495 129.41	1 838 390.00

注：（1）变动销售费用各项目预算以其所发生费用占销售收入比值为基础计算。例如：

第一季度销售佣金 = 第一季度销售收入 × 销售佣金占销售收入比 =550 000.00 × 0.315=173 250.00（元）

（2）固定销售费用中保险费、折旧费、其他费用项目假定未发生改变，销售部门办公费、广告费随着企业经营决策的变化发生改变，如减少销售人员、增加广告投入等，需根据经营计划编制。

（3）在各季度费用分配中以季度销售收入占年度销售收入的比重为分配基础计算，例如：

第一季度销售部门办公费 = 第一季度销售收入占全年销售收入比重 × 年度办公费用 =550 000.00 ÷ 2 380 000.00 × 96 900.00=22 392.86（元）

（4）个别小计数据与单项累加数会有细微差异，这是因小数计算产生的误差。

3.5.2 管理费用预算

管理费用预算是因管理企业而发生的各类费用的预算。一般来说，其按项目反映全年预计水平。企业在编制管理费用预算时，通常需要编制管理费用现金支出预算，由于固定资产折旧、无形资产摊销等项目不属于现金支出，因此应予以扣除。

在管理费用具体项目编制过程中，通常以上年数为基础，分析各项目未来可能的变化，进行适当调整后编制。

［例 3-10］以下为 YS 公司编制的 201× 年度管理费用预算表。

YS公司201×年度管理费用预算表

单位：元

项目	去年实际数	本年预算
办公费	37 000.00	33 300.00
业务招待费	54 000.00	48 600.00
管理人员薪酬	76 259.00	72 446.05
差旅费	65 345.00	68 612.25
职工培训费	84 345.00	88 562.25
折旧费	12 674.00	12 674.00
无形资产摊销	24 178.00	24 178.00
其他	15 235.00	15 235.00
合计	369 036.00	363 607.60
管理费用现金支出	332 184.00	326 755.60
平均每季现金支付数		81 688.90

3.5.3 财务费用预算

财务费用预算主要是根据利息收入、支出情况以及票据贴现、汇兑损益等情况进行预算编制。一般结合以前年度数据及本年预计资金筹集情况确定，包括结合资本预算、现金预算等进行编制。

[例3-11] 以下为YS公司编制的201×年度财务费用预算表。

YS公司201×年度财务费用预算表

单位：元

项目	去年实际数	本年预算
利息支出	239 100.22	247 000.33
其中：流动贷款利息支出		
长期借款利息支出		
其他利息支出	239 100.22	247 000.33
利息收入	−28 400.00	−22 500.00
银行手续费	8 100.00	6 100.00
汇兑损益		
其他		
合计	218 800.22	230 600.33

第 4 章

资本预算

——重要资金支出的预决策

```
                                                    ┌──────────────────────────┐
                                              ┌────►│ 4.1.1 资本预算的概念      │
                                              │     └──────────────────────────┘
                                              │     ┌──────────────────────────┐
                                              ├────►│ 4.1.2 资本预算的特点      │
                        ┌──────────────────┐  │     └──────────────────────────┘
                    ┌──►│ 4.1 资本预算概述 ├──┤     ┌──────────────────────────┐
                    │   └──────────────────┘  ├────►│ 4.1.3 资本预算的作用      │
                    │                         │     └──────────────────────────┘
                    │                         │     ┌──────────────────────────┐
                    │                         └────►│ 4.1.4 资本预算的步骤      │
                    │                               └──────────────────────────┘
                    │
                    │                               ┌──────────────────────────┐
                    │                         ┌────►│ 4.2.1 现金流量的概念      │
                    │                         │     └──────────────────────────┘
                    │                         │     ┌──────────────────────────┐
                    │                         ├────►│ 4.2.2 现金流量的构成      │
                    │   ┌──────────────────┐  │     └──────────────────────────┘
                    │   │                  │  │     ┌──────────────────────────┐
          ┌──────┐  ├──►│ 4.2 现金流量的估算├──┼────►│ 4.2.3 采用现金流量作为项目评价│
          │ 资本 │  │   │                  │  │     │       基础的原因          │
          │ 预算 ├──┤   └──────────────────┘  │     └──────────────────────────┘
          └──────┘  │                         │     ┌──────────────────────────┐
                    │                         ├────►│ 4.2.4 现金流量计算示例    │
                    │                         │     └──────────────────────────┘
                    │                         │     ┌──────────────────────────┐
                    │                         └────►│ 4.2.5 现金流量估算应注意的问题│
                    │                               └──────────────────────────┘
                    │
                    │   ┌──────────────────┐        ┌──────────────────────────┐
                    │   │ 4.3 资本支出决策指标─│┌────►│ 4.3.1 投资回收期          │
                    ├──►│     非贴现现金流量 ├─┤     └──────────────────────────┘
                    │   └──────────────────┘  │     ┌──────────────────────────┐
                    │                         └────►│ 4.3.2 平均报酬率          │
                    │                               └──────────────────────────┘
                    │
                    │                               ┌──────────────────────────┐
                    │                         ┌────►│ 4.4.1 净现值              │
                    │   ┌──────────────────┐  │     └──────────────────────────┘
                    │   │ 4.4 资本支出决策指标─│  │     ┌──────────────────────────┐
                    └──►│     贴现现金流量   ├──┼────►│ 4.4.2 现值指数            │
                        └──────────────────┘  │     └──────────────────────────┘
                                              │     ┌──────────────────────────┐
                                              └────►│ 4.4.3 内含报酬率          │
                                                    └──────────────────────────┘
```

4.1　资本预算概述

4.1.1　资本预算的概念

为提高企业的运营能力，扩大生产规模，除了日常生产经营，企业还要进行一些投资，以便获取更高的报酬，为未来发展创造空间。一般情况下，资本支出分为两类：一类是固定资产的购建、扩建、更新、改造或新产品研究开发等生产性资产的投资；另一类是购买其他公司股票、政府公债、公司债券和金融债券等金融性资产的投资。这里所说的投资，是指狭义的投资，即长期性的生产资产投资。

资本支出是和收益性支出相对的，它的受益期涉及未来多个会计期间。

资本预算是规划未来期间选择和评价长期资本投资活动（如固定资产的购建、扩建）的相关原则和方法步骤的预算。

4.1.2　资本预算的特点

固定资产投资会影响企业未来的发展。良好的资本预算可以促进企业的发展，增强企业的活力和竞争力；相反，不恰当的资本预算会使企业面临困境，甚至破产。因此，资本预算是非常重要的，企业要把握资本预算的特点，充分发挥其优势，把资本预算做好。资本预算一般有以下几个特点。

1. 周期长

资本支出的受益期涉及未来几个会计期间，决策一旦失误，将使企业蒙受巨大损失，不仅会浪费大量资金，更重要的是会影响企业的战略目标。

2. 资金量大

由于资本预算涉及固定资产、新产品投产和研发等项目，投入的资金量一般都很大。如果企业在固定资产上投资太大，就会造成投资过剩，从而导致资产收益率和获利能力下降；如果在固定资产上投资不足，则可能导致企业设备陈旧，生产量不足，丢失市场份额。

3. 时效性强

资本预算的支出及其所产生的报酬发生在不同时期，投资时需要一次性的大量资金投入，收益却分布在以后的较长时间内，因此需要考虑货币的时间价值。

4.风险大

时间长、投资大，这两个特点自然决定了资本支出的风险大。企业在编制资本预算时，要充分考虑各种不确定因素。

4.1.3 资本预算的作用

由于资本支出涉及的都是规模比较大的投资项目或者大量固定资产的购买，因此对企业当期的财务状况和未来期间的经营收益都有比较大的影响，同时也存在很大的风险，而编制资本预算的目的就是对这些项目进行事前、事中、事后的评价和控制。

1.对重大资本支出进行事前评价和甄选

在执行资本支出项目之前，企业必须对项目可能产生的现金流入和现金流出进行评价，要充分考虑各投资项目的获利情况和风险程度，在企业可使用的一定资金总量，以及可以承受的风险程度的基础上，选择未来收益和风险程度相对称的一个或几个项目。资本预算可以概括总结这些评价和甄选情况，为管理人员提供资料。

2.对预算执行过程进行跟踪和控制

有些资本支出可能不是一次性的，在项目执行过程中会出现许多意外情况，所以企业必须依照预算中制定的标准执行，适时考虑情况的变化，对项目进行控制，以保证项目的最终完成。

3.对完成后的资本支出项目进行评价对比

资本支出项目完成后需要对其成功与否进行评价对比，这样资本预算中的数据就成了对比的基础。通过实际指标和预算指标的比较，可以为该项目的最后评定提供依据，同时为以后相关或类似的资本预算积累资料。

4.1.4 资本预算的步骤

资本预算是企业规划和控制的重点之一，也是全面预算系统中的重要组成部分。资本预算决策就是以生产性资产为基础对长期投资方案的选择，即通常所指的长期投资决策。资本预算是一个综合性的工程，一般由以下几个步骤组成：

（1）确定决策目标；

（2）提出各种可选择的方案；

（3）估算各种投资方案预期的现金流量；

（4）估计预期现金流量的风险程度；

（5）根据择优标准，对各种投资方案进行比较选优；

（6）项目实施后，要不断进行评估和控制，做好事后审计工作。

资本预算是对上述步骤在未来期间做一个全面考虑，并把相应指标量化，供管理人员做出决策。在资本预算的编制中，一个有效的决策程序对企业来说是非常重要的，而大多数企业都会对资本预算进行层层考核，以保证决策准确无误。在编制资本预算时，其评价和专业水平需要到什么层次，是由企业的规模及资本支出的规模和甄选标准决定的。资本支出量越大，需要甄选的层次越多，就越需要更专业、更标准的程序。

4.2　现金流量的估算

4.2.1　现金流量的概念

编制资本预算的基础就是预测投资项目的现金流量，这也是资本预算决策最重要和最困难的环节。现金流量在投资项目决策中是指一个项目引起的企业现金支出和现金收入增加的数额。这里的"现金"是广义上的现金，它不仅包括各种货币资金，而且包括项目需要投入的、企业拥有的各种非货币资源的变现价值。项目现金流量的确定必须遵循实际现金流原则和相关原则。根据实际现金流原则，现金流必须按其实际发生的时间测量，即在此期间内实际收到或支出的现金；根据相关原则，其必须是与决策相关的现金流，即由于企业采纳投资项目而引起的现金流入和现金流出的变化，因此投资项目的现金流量是增量现金流量。

4.2.2　现金流量的构成

现金流量的构成有两种方式：一种是按现金流量的发生时间来分类；另一种是按现金的流入流出来分类。资本预算决策中的现金流量是根据项目发生的时间顺序予以确认的，因为货币具有时间价值，这种方法有助于把同一时点上的现金流量统一折算，既容易理解，也便于计算。

1. 按现金流量的发生时间分类

按照项目的时间顺序，投资的现金流量可分为初始现金流量、经营现金流量、终结现金流量。其实，这里的现金流量计算的是每一时期的净现金流量。

（1）初始现金流量

初始现金流量即项目投资建设时发生的现金流量，又称初始投资。初始投资时发生的现金流量一般包括以下几项内容。

①流动资本垫支，指投资项目完成并投入使用而增加的流动资产减去增加的流动负债后的净额，即对原材料、在产品、产成品和货币资金等流动资产费用上的垫支。

②固定资产投资，包括购入和建造成本，以及运输和安装成本。

③原有实物资产的变价收入，主要是指更新固定资产时变卖原有资产所得的现金收入。

④机会成本，即由于某些实物资产（包括土地）用于此项投资而不能转为他用或出售所失去的收入。投资项目的机会成本在决策分析中应视为现金支出。

⑤其他投资费用，指与投资项目相关的谈判费、注册费、职工培训费、筹建组织结构支出费用以及一些相关的无形资产费用上的支出。

企业一般在对原有项目进行更新改造时，原有固定资产的变价收入是作为原始投资的减项的，因为在投资期发生的大多是现金流出。

原始投资一般发生在项目前期，较大的投资项目分几年投资，这样根据货币时间价值的财务原则，对分年投资的现金流出量就应该考虑货币时间价值。

（2）经营现金流量

经营现金流量（或营业现金流量）是指项目建成投入使用后的整个寿命期内，由于生产经营活动而发生的现金流入和现金流出量。企业在编制资本预算时，一般是按年计算经营净现金流量的，这里的现金流入是指营业现金收入，现金流出是指营业现金支出和缴纳的税金。企业年经营净现金流量与会计利润是有一定关系的，公式如下：

$$企业年经营净现金流量 = 年营业收入 - 年付现成本 - 所得税$$
$$= 年营业收入 - （年营业成本 - 折旧费用）- 所得税$$
$$= 年营业收入 - 年营业成本 + 折旧费用 - 所得税$$
$$= （年营业收入 - 年营业成本 - 所得税）+ 折旧费用$$
$$= 年税后净利润 + 年折旧费用$$

上述公式中的年税后净利润和年折旧费用，均为与投资项目相关的税后净收益和折旧。在财务会计中，销售产品的成本包括每年的折旧费，但这笔折旧费并不是当期的现金开支，而是以前年度的支出在本期的摊销额，该费用会减少该年产生的实际净收益，所以在计算年净现金流量时，必须在每年税后净收益的基础上加上每年的折旧费，以真实地反映净现金流量的情况。

（3）终结现金流量

终结现金流量是指投资项目完结时所发生的现金流量。项目寿命期末，除了最后一年的经营净现金流量外，还要计算期末回收现金流量。期末回收现金流量是指项目寿命期结束时发生的各项现金回收，主要包括固定资产的残值收入或变价收入、初始营运资本的回收额、停止使用的土地的变价收入、与资产出售和处理有关的税收变化等。

2. 按现金的流入／流出分类

按照现金的流入／流出，现金流量可分为现金流入量、现金流出量以及净现金流量。

（1）现金流入量

现金流入量（CI）是指某项目在投资与具体实施过程中所能获得的全部现金流入，通常包括项目投产后每年的经营现金收入，固定资产出售、报废或转让的收入及项目结束时垫支流动资金的回收额等。

（2）现金流出量

现金流出量（CO）是指投资项目实施过程中的全部现金支出，包括初始固定资产投资、项目运营期间除折旧以外的全部运营成本费用与税金。

（3）净现金流量

净现金流量（NCF）是指在一定期间内现金流入量与现金流出量的差额，通常以年为单位，称为“年净现金流量”。

同时要注意，资本预算中的现金流量与财务会计现金流量表中的现金流量是不同的。在资本预算中，现金流量仅指由某一项长期投资方案引起的在未来一定时期内预计发生的现金流入量与现金流出量。

4.2.3　采用现金流量作为项目评价基础的原因

资本预算要求以实际支出和收到的现金流量作为项目评价的基础，而不采用会计利润作为评价依据，主要有以下几点原因。

1. 现金流量考虑了货币的时间价值因素

由于投资项目是长期的，不同的发生时间具有不同的价值，因此要做出科学合理的资本预算，必须考虑货币时间价值，这就要求企业在做资本预算时明确每笔预期收入和支出款项的具体发生时间。而会计利润的确定是以权责发生制为基础的，没有考虑现金收入和支出的时间，所以不用考虑货币时间价值。现金流量的确定依据是收付实现制，考虑了货币时间价值，即不同时间点上的等量现金收入和支出具有不同的价值。因此，以现金流量为基础评价投资项目更为科学合理。

2. 现金流量考虑了投资的实际效果

会计利润的计算是以权责发生制为基础的，其收入和费用不一定实际收到和支出，很多都只是“应计项目”，而不是实际现金流量，用其评价投资项目的实际效果会有不利影响。现金流量则是实际流入或流出企业的现金数额。

3. 现金流量可使资本预算更客观

会计利润在各年的分布受到折旧计提方法、存货计价、费用摊派等会计政策和方法选择等主观因素的影响，而现金流量的确定不受这些主观因素的影响，从而保证了项目评价基础的客观性。

这里要注意一点，尽管有这么多关于会计利润和现金流量的优劣比较，但两者并不是互斥的，资本预算中的现金流量的确定可以以会计利润为基础进行相应的调整。

4.2.4 现金流量计算示例

［例 4-1］为提高企业的生产能力，YS 公司准备购入一条生产线，现有 A、B 两个方案可供选择。A、B 两个方案的生产线的使用寿命都为 5 年，折旧方法都采用直线折旧法，所得税税率均为 20%，其他数据情况可见下表（B 方案的年修理费从第二年开始，每年递增0.50 万元）。

A、B 两个方案资料表

金额单位：万元

项目	初始投资	投产前垫付营运资金	每年销售收入	第 1 年付现成本	付现成本每年递增	设备残值	设备使用寿命
A	32.00	0	22.00	9.00	0	0	5 年
B	37.00	5.00	25.00	10.00	0.50	2.00	5 年

（1）计算两个方案的年折旧额

A 方案年折旧额 =（32-0）÷5=6.40（万元）

B 方案年折旧额 =（37-2）÷5=7（万元）

（2）计算两个方案的经营现金流量

需要说明的是，在现金流量的计算中，为了简化计算，一般都假定各年投资在年初一次进行，把各年经营现金流量看作是各年年末一次发生，把终结现金流量看作是最后一年年末发生。

用来购置设备的初始投资相当于项目的初始现金流量，设备残值相当于项目的终结现金流量。为得到两个方案的全部现金流量，需先计算出各个方案的净现金流量，具体如下表所示。

A、B 投资方案经营净现金流量计算表

单位：万元

年份	A 方案							B 方案						
	销售收入	付现成本	折旧	税前利润	所得税	税后净利润	经营净现金流量	销售收入	付现成本	折旧	税前利润	所得税	税后净利润	经营净现金流量
第1年	22.00	9.00	6.40	6.60	1.32	5.28	11.68	25.00	10.00	7.00	8.00	1.60	6.40	13.40
第2年	22.00	9.00	6.40	6.60	1.32	5.28	11.68	25.00	10.50	7.00	7.50	1.50	6.00	13.00
第3年	22.00	9.00	6.40	6.60	1.32	5.28	11.68	25.00	11.00	7.00	7.00	1.40	5.60	12.60
第4年	22.00	9.00	6.40	6.60	1.32	5.28	11.68	25.00	11.50	7.00	6.50	1.30	5.20	12.20
第5年	22.00	9.00	6.40	6.60	1.32	5.28	11.68	25.00	12.00	7.00	6.00	1.20	4.80	11.80

（3）计算两个方案的全部净现金流量

结合初始现金流量和终结现金流量计算 A、B 两个方案的全部净现金流量，如下表所示。

A、B 方案净现金流量计算表

单位：万元

年份	A 方案			B 方案					
	固定资产投资	经营净现金流量	净现金流量合计	固定资产投资	营运资金垫支	经营净现金流量	固定资产残值	营运资金收回	净现金流量合计
第0年	-32.00		-32.00	-37.00	-5.00				-42.00
第1年		11.68	11.68			13.40			13.40
第2年		11.68	11.68			13.00			13.00
第3年		11.68	11.68			12.60			12.60
第4年		11.68	11.68			12.20			12.20
第5年		11.68	11.68			11.80	2.00	5.00	18.80

4.2.5 现金流量估算应注意的问题

1. 换算成税后现金流量

为了具有统一的比较基础，现金流量应该建立在税后的基础上，因此所有预期的现金流量都应该换算成税后现金流量。

2. 增量现金流量

资本预算的现金流量应该是增量现金流量。在评估一个投资项目时，我们所关心的仅仅是由于这个投资项目引起的现金流入、流出量，即因接受或拒绝该项目企业总现金流量所发生的变动，也称增量现金流量。只有那些由于采纳某个项目引起的现金收入和现金支出的增加额，才是该项目的相关现金流入和现金流出。

为了正确估算投资方案的增量现金流量，我们应该注意以下问题。

（1）对企业原有产品或部门的影响

企业投资项目的选择不能脱离企业全局规划，必须充分考虑项目投入运营后可能对其他部门产生的影响——是会抢占其他部门产品的原有市场，还是会与其他部门相得益彰，从而使企业整体效应得到较以前更大程度的发挥。因此，对于企业来说，在决策时需要考虑的是某项目的进行与否会对现金流量产生什么影响，也就是说要考虑增量现金流量。例如，一个企业准备推广的一种新产品会对企业现有产品形成竞争，企业在进行是否推广该产品的决策时，仅仅考虑该产品的预计销售额产生的现金流量是不够的，还必须把新产品推广可能引起现有产品销量的减少也作为相关成本予以考虑，这样就会减少新产品的预计销售额或者现金流量。比较合理的方法是把两种产品看作一个整体，采用增量分析法，分析整体的增量净现金流量。

（2）净营运资本变化的影响

所谓净营运资本变化，是指流动资产增量与流动负债增量之间的差额。一方面，企业通过投资能够扩大生产规模，而生产的扩大则会引起存货的增加，相应地，企业的销售额也会增加，从而使应收账款也增加，为了满足存货和应收账款的增加，企业必须筹措新的资金；另一方面，由于企业业务量的增加，应付账款和其他应计负债也会随之增加，这就会降低企业从外部筹集资金的实际需要量。如果企业新投资项目的建立会使流动资产的增量大于流动负债的增量，就意味着企业需要追加对流动资产的投资，需要筹集更多的资金，也就意味着净营运资本的增加。

（3）机会成本

所谓机会成本，是指在若干备选方案中由于选取某一方案而放弃其他方案所失去的最大经济利益。机会成本不是企业的实际支出，在会计账簿上也没有反映，但它属于决策相关成本，应在资本预算时予以考虑。机会成本关系到企业做出的决策从经济学角度是否真正合理有效，是否充分利用了企业的现有资源。例如，某企业有一栋闲置的厂房，现在将成为投资项目的一部分，企业原本打算将其出售，可得税后净收益 400 万元。这种情况下，这 400 万元就成为新的投资项目的机会成本，是要作为现金支出减少该项目的现金流量的。

（4）沉没成本

沉没成本是指在过去已经发生而现在无法收回，或不能得到补偿的成本。这种成本不是增量现金流量，不影响将来的成本，与投资项目无关，属于决策无关成本。

（5）要区分相关成本和不相关成本

相关成本是指与特定决策有关的、在分析评价时必须加以考虑的成本，如机会成本、未来成本等。与此相反的是，与特定决策无关的、在分析评价时不需要加以考虑的成本是非相关成本，如沉没成本等。

3. 通货膨胀

在通货膨胀条件下，企业进行资本预算决策时必须要考虑通货膨胀对投资项目的影响。一种简单又实用的方法是，企业在对投资项目估算现金流量时，要对产品销售价格和成本费用项目估计一个通货膨胀率，从而在对现金流量的估计中反映出通货膨胀的影响，以确保资本预算决策的正确性。

4.3　资本支出决策指标——非贴现现金流量

在资本支出决策过程中，通常依据是否考虑了时间价值，分为非贴现现金流量和贴现现金流量，并据此设计和应用不同的决策指标及方法进行决策。

非贴现现金流量指标是指不考虑时间价值，把不同时间的货币收支看成是等效的各种指标。这类指标主要有投资回收期（PP）和平均报酬率（ARR）。

4.3.1　投资回收期

投资回收期是指投资引起的现金流入累计到与投资额相等时所需要的时间，即收回初始投资所需要的时间。投资回收期一般以年为单位，回收年限越短，方案越有利。一般原则上不超过 1/2 项目经营期，但具体还需结合企业与行业情况以及相关要求进行决策。

投资回收期的计算有以下两种情况。

1. 年经营净现金流量相等

当年经营净现金流量相等时，投资回收期的计算公式如下：

$$投资回收期 = 原始投资额 \div 年经营净现金流量$$

［例4-2］根据［例4-1］的数据，A方案属于年经营净现金流量相等的情况，可依据上述公式计算A方案的投资回收期。

A方案的投资回收期 $=32 \div 11.68 = 2.74$（年）

该方案投资回收期为2.74年，略高于1/2项目经营期。该方案原则上不可行，决策时需结合企业具体情况判断。

2. 年经营净现金流量不相等

在这种情况下，需要逐年对未收回现金流量情况进行判断，以确定回收期。

［例4-3］根据［例4-1］的数据，B方案属于年经营净现金流量不相等的情况。为便于说明问题，假设C方案其他情况与B方案完全相同，只是初始投资时的净现金流量为-30万元。此时C方案投资回收期的计算如下。

C方案净现金流量表

单位：万元

项目经营期（年）	0	1	2	3	4	5
净现金流量	-30.00	13.40	13.00	12.60	12.20	18.80
累计未收回现金流量	-30.00	-16.60	-3.60	9.00	21.20	40.00

上表中，C方案第2年的累计未收回现金流量小于零，第3年的累计未收回现金流量大于零，投资回收期为2.29（2+3.60÷12.60）年。由于投资回收期2.29年小于1/2项目经营期，因此C方案原则上可行。决策时还需结合企业具体情况判断。

4.3.2 平均报酬率

平均报酬率是指投资项目寿命周期内平均的年投资报酬率，也称平均投资报酬率，可通过以下公式计算：

$$平均报酬率 = 年平均净现金流量 \div 原始投资额 \times 100\%$$

［例4-4］根据［例4-1］的数据，可计算出A、B两个方案的平均报酬率。

A方案的平均报酬率 $=11.68 \div 32 \times 100\% = 36.50\%$

B方案的平均报酬率 $=（13.40+13+12.60+12.20+18.80）\div 5 \div 42 \times 100\% = 33.33\%$

A方案中的平均报酬率高于B方案，如果受到资金量的限制只能选择一个方案，则应该选择 A 方案。但如果企业资金充足，那么应该事先设定一个可接受的平均报酬率，或者说企业要求达到的平均报酬率，只要高于平均报酬率的方案都可入选。

平均报酬率的计算比较简单，也容易理解，但它与投资回收期相同，都没有考虑货币时间价值的影响，忽略了风险因素，将未来年份的现金流量与目前年份的现金流量视作价值相同，这可能会导致企业做出错误决策。

4.4 资本支出决策指标——贴现现金流量

贴现现金流量指标是指考虑了资金时间价值的决策指标，主要指标有净现值、现值指数和内含报酬率。

4.4.1 净现值

1. 含义

净现值（NPV）指的是投资项目投入使用后的净现金流量，按资本成本或企业要求达到的报酬率折算为现值，减去初始投资后的余额。其计算公式如下：

$$NPV= \sum NCF_t / (1+k)^t - C$$

公式中，NPV 表示净现值；NCF_t 表示第 t 年的净现金流量；$1/(1+k)^t$ 为复利现值系数，通常用复利现值系数（P/F,i,n）替代，查复利现值系数表可得；t（同复利现值系数中的 n）为计算的年份数；k（同复利现值系数中的 i）表示贴现率（资金成本或企业要求的报酬率）；C 表示初始投资额。

如果每年的 NCF_t 相等，以上公式还可以替换为：

$$NPV=A \times (P/A,i,n) - C$$

公式中，A 表示每年相等的净现金流量；（P/A,i,n）表示年金现值系数，通常查年金现值系数表可得；n 为计算的年份数；i 表示贴现率；C 表示初始投资额。

2. 计算过程

第 1 步，计算项目每年的经营净现金流量。

第 2 步，计算未来报酬的总现值。这时需要注意，如果每年的经营净现金流量相等，则按年金法折现；如果每年的经营净现金流量不相等，则先对每年的净现金流量分别折现，然后再加总。这样计算出经营净现金流量的现值之后，再将终结现金流量折现，二者之和即为未来报酬的总现值。

第3步，计算净现值。

[例4-5] 如果YS公司的资金成本为6%，根据[例4-1]的数据，分别计算A、B两个方案的净现值。

1. A方案的净现值

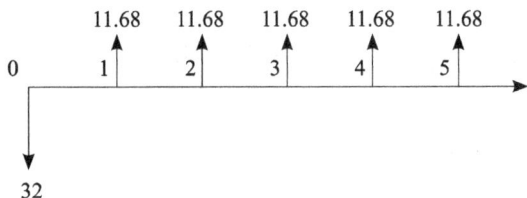

A方案现金流量图

因为A方案每年的经营净现金流量相等，所以可以按照年金法折现。

A方案的净现值 = 11.68×（P/A，6%，5）-32= 11.68×4.21-32=17.17（万元）

2. B方案的净现值

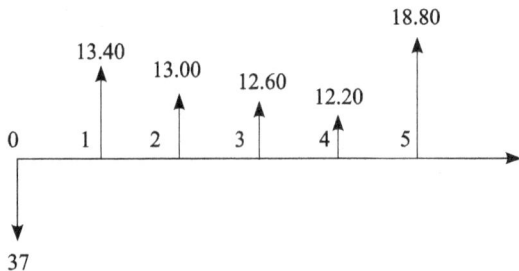

B方案现金流量图

B方案每年的净现金流量不相等，因此需要按照复利现值的方法分别计算每年的净现金流量的现值，然后求出项目计算期内折现的净现金流量的代数和。

B方案的净现值 =13.4×（P/F，6%，1）+13×（P/F，6%，2）+12.60×（P/F，6%，3）+12.20×（P/F，6%，4）+18.80×（P/F，6%，5）-（37+5）

=13.40×0.94+13×0.89+12.60×0.84+12.20×0.79+18.80×0.75-42

=16.49（万元）

3. 决策规则

当只有一个备选方案，在决定其实行与否时，净现值为正则方案可行，净现值为负则方案不可行。

当有多个备选方案，需择优采纳时，应选择净现值最大的方案。

例 4-5 中有两个备选方案，方案 A 的净现值大于方案 B，所以应选择方案 A。

4. 优缺点

净现值法考虑了货币的时间价值，对方案的评价更合理。但企业在使用净现值法时，需要先确定一个贴现率，确定过程中不可避免地会有人为因素的影响，这在一定程度上难以客观地得出未来报酬的总现值，而且无法揭示各方案自身的报酬比率究竟是多少。另外，由于净现值法是对两个或多个方案的净现值绝对数进行比较，没有考虑初始投资大小、回收期间长短等因素，因此难以真实反映方案的获利能力。

4.4.2 现值指数

1. 含义

现值指数（PI）是投资项目未来报酬的总现值与初始投资额的现值之比，其计算公式如下：

现值指数 = 未来报酬的总现值 ÷ 初始投资额

2. 计算过程

第 1 步，计算未来报酬的总现值（计算方法与净现值相同）。

第 2 步，计算现值指数。

［例 4-6］根据［例 4-5］的数据，计算 A、B 两个方案的现值指数。计算过程中，未来报酬的总现值依据净现值的计算原理，直接用净现值（NPV）加上初始投资额的方式计算获得。

1. A 方案的现值指数

A 方案的现值指数 =（17.17+32）÷32=1.54

2. B 方案的现值指数

B 方案的现值指数 =（16.49+42）÷42=1.39

3. 决策规则

当只有一个备选方案，在决定其实行与否时，现值指数等于或大于 1 则方案可行，反之则方案不可行。

当有多个备选方案，需择优采纳时，应选择现值指数超过 1 最多的方案。

例 4-6 中有两个备选方案，方案 A 的现值指数超过 1 最多，所以应选择方案 A。

4. 优缺点

现值指数考虑了货币的时间价值，并且是相对数，克服了净现值的部分缺点，对方案的评价更客观，有利于在初始投资额不同的方案之间进行对比。

现值指数的缺点与净现值有相同之处，也无法避免人为因素的影响，无法揭示各方案自身的报酬比率究竟是多少。另外，现值指数的经济含义不易理解。

4.4.3 内含报酬率

1. 含义

内含报酬率（IRR）又称内部报酬率，是指使投资项目的净现值等于零时的贴现率。内含报酬率实际上反映了投资项目的真实报酬。其计算公式如下：

$$NCF_t / (1+IRR)^t = 0$$

2. 计算过程

内含报酬率的计算分以下两种情况。

（1）年经营净现金流量相同

第1步：计算年金现值系数。

年金现值系数 = 初始投资额 ÷ 每年经营净现金流量

第2步：查年金现值系数表，在相同的期数内，找出与上述年金现值系数相邻近的较大和较小的两个贴现率。

第3步：根据上述两个邻近贴现率和已求得的年金现值系数，采用插值法计算该投资方案的内含报酬率。

［例4-7］A方案每年经营净现金流量相等，可以采用插值法，相关数据同前例。

A方案的年金现值系数 =32÷11.68=2.74

查年金现值系数表，五年期间与2.74相近的年金现值系数为2.745和2.689，各自对应的报酬率分别为24%和25%，所以A方案的内含报酬率为24%~25%。利用插值法计算得到：

$$A方案的内含报酬率 = 24\% + \frac{2.745-2.74}{2.745-2.689} \times (25\%-24\%) = 24.09\%$$

（2）年经营净现金流量不相同

第 1 步：先估计一个贴现率，并按此贴现率计算净现值。如果净现值为正数，则表示预估的贴现率小于该项目的实际内含报酬率，应提高贴现率再测算；如果计算出的净现值为负数，则表明预估的贴现率大于该方案的实际内含报酬率，应降低贴现率再测算。经过如此反复测算，找到净现值由正到负并且比较接近于零的两个贴现率。

第 2 步：根据上述两个邻近的贴现率，用插值法计算实际内含报酬率。

[例 4-8] B 方案的年经营净现金流量不同，需要反复测算贴现率，相关数据同前例。
B 方案内含报酬率的测算见下表。

B 方案内含报酬率测算表

金额单位：万元

测试次数	估计贴现率	净现值
1	6%	16.49
2	10%	10.25
3	15%	4.21
4	20%	-1.22

估计贴现率为 15% 时，净现值为 4.21 万元，大于零。估计贴现率为 20% 时，净现值为 -1.22 万元，小于零。因此，利用插值法计算出的 B 方案的内含报酬率为：

$$B 方案内含报酬率 =15\% + （20\%-15\%）\frac{4.21}{4.21+1.22}=18.88\%$$

3. 决策规则

当只有一个备选方案，在决定其实行与否时，如果内含报酬率大于或等于企业的资本成本或必要报酬率，则方案可行；反之则方案不可行。

当有多个备选方案，需择优采纳时，应选择内含报酬率超过资本成本或必要报酬率最多的方案。

上述两个备选方案，若 YS 公司的资本成本为 10%，则方案 B 的内含报酬率超过 10% 更多，所以应选择方案 B。

4. 优缺点

内含报酬率考虑了货币时间价值，而且可以揭示各方案自身的报酬率究竟是多少，克服了净现值和现值指数的部分缺点。但是，内含报酬率最明显的一个缺点是其计算过程比较复杂，尤其是对于年经营净现金流量不相等的项目，需要多次测算。

第 5 章

筹资预算

——资金来源的筹划

5.1　筹资预算概述

5.1.1　筹资预算的含义

筹资是指通过增量的方式筹措权益资本与债务资金，它表现为表内资金来源总量的增加。筹资活动主要体现在可运用的"活性"资金的增加上。这种活性具体表现在表内可运用的资金来源总量的增加。现在，许多企业存在相当数量的表外融资来源（不纳入资产负债表的融资），对此本文不涉及。

筹资预算是企业在预算期内需要新借入的长短期借款，经批准发行的债券以及对原有借款、债券还本付息的预算。它主要依据企业有关资金需求的决策资料、发行债券的审批文件、期初借款余额及利率等编制。企业经批准发行股票、配股和增发股票，应当根据股票发行计划、配股计划和增发股票计划等资料单独编制预算。股票发行费用也应当在筹资预算中分项做出安排。

筹资预算主要应解决以下问题：

（1）何时筹资，筹资额有多大；

（2）筹资方式如何确定；

（3）筹资成本与投资收益如何配比。

需要注意的是，筹资预算具有一定的被动属性。对于非金融企业而言，生产经营活动和投资活动决定了筹资活动，基本不存在单纯的为筹资而筹资的行为。

5.1.2　筹资预测的意义和目的

筹资预测是指估计企业未来的融资需求。因此，从这个意义上说，筹资预测也是企业筹资预算的内容。

筹资预测是企业筹资计划的前提，筹资预测是为筹资决策服务的，而筹资计划则是筹资决策的具体化。企业对外提供产品和服务，必须要以一定的资产为基础。销售增加就是要相应地增加流动资产，有时为了扩大生产能力，还要增加固定资产。为取得扩大销售所需增加的资金，企业需要筹措资金。这些资金一部分来自保留盈余，即内部积累；另一部分通过外部筹资取得。一般情况下，当销售增长率较高时，即使是获利良好的企业，保留盈余也不能满足资金的需要，也必须对外融资。而企业进行对外融资，必须预先对自身的财务情况有深入的了解，预先知道自己的财务需求，同时做出筹资预算，否则资金周转可能会出现问题。

筹资预测有助于改善投资决策，根据销售发展前景估计出的筹资需求不一定总能满足企业的融资需求，这时就要根据筹资量来安排企业的生产、销售以及有关的投资活动，从而使企业的财务活动建立在可行的基础上。

5.1.3 筹资预测的步骤

1. 销售预测

财务预测的起点是销售预测。销售预测不是财务管理的职能，但它是财务预测的基础。在整个全面预算体系中，销售预算是基础。除了生产经营预算、资本预算以销售预算为基础外，筹资预算也是以销售预算为基础的。因此，销售预测的质量对企业财务预测乃至筹资预测具有很大影响。如果实际销售情况超出预算很多，那么企业根据先前的销售预测制定的筹资预算所筹集的资金量就不能满足企业生产经营和投资的需要，这不仅会使企业失去盈利机会和市场份额，而且很可能会失去良好的投资机会。相反，销售预测过高，企业据此筹集了过多的资金，会造成企业资产积压和资金闲置，带来很高的机会成本，资产周转率下降，导致权益收益率下降，股价下跌。

2. 估计所需要的资产

资产是销售量的函数，可以根据历史数据得出该函数关系，然后根据销售预测结果的预计销售量预测所需资产总量。同时，某些流动负债也是销售量的函数，也就可以预测销售增长所带来的负债的自发增长。负债的自发增长可以减少外部筹资的数额。

3. 估计收入、费用和保留盈余

假设收入和费用是销售量的函数，可以根据销售量预测值估计收入和费用，并确定净收益。净收益和企业股利支付率共同决定了企业保留盈余所能提供的内部筹资额。

4. 估计所需外部筹资额

根据预计资产总量减去已有的资金来源、负债的自发增长和内部提供的资金来源，便可得出外部筹资额的需求量。

5.2 资金需要量的预测方法

企业的资金需要量是筹集资金的数量依据，也是制定关于筹资活动具体程序的前提条件，因此必须采用科学的方法合理地预测，以确定资金需要量。

科学合理地确定企业的资金需要量是筹资预算最基本的原则和基础。因此，企业在编制筹资预算时，要根据销售预算中的预测结果，进一步对需要筹集资金的数额进行预测。资金需要量的预测方法有很多，如定性预测法、趋势预测法、销售百分比法以及回归分析法（也称资金习性法）等。本书主要介绍两种较常用的方法：销售百分比法和回归分析法。

资金需要量的预测应基于下面两个恒等式。

$$资产 = 负债 + 所有者权益$$
$$资产增量 = 负债增量 + 所有者权益增量$$

5.2.1 销售百分比法

销售百分比法是根据销售收入与资产负债表和利润表项目之间的比例关系，预测各项目资金需要量，进而确定外部筹资额的方法。首先，假设收入、费用、资产、负债等资产负债表项目和利润表项目与销售收入之间存在稳定的百分比关系；其次，根据销售预算的结果——预计销售额，以及相应的百分比关系预计资产、负债和所有者权益；最后，利用会计等式确定融资需求。这是一种简单实用的预测财务报表科目的方法。

销售百分比法的具体计算方法有两种：一是根据预计销售收入总额来预计资产、负债、所有者权益的总额，据此确定融资需求；二是根据预计销售收入的增加额来预测资产、负债、所有者权益的增加额，然后确定融资需求。

1. 根据销售收入总额确定融资需求

（1）计算预计资产负债表中各项敏感性项目分别占销售收入的比例。所谓敏感性项目，是指随销售额的变动不断变动的项目。其中，敏感性资产包括现金、应收账款、应收票据、存货、固定资产净值等，使用固定资产净值指标是假定折旧产生的现金即用于更新资产；敏感性负债包括应付账款、应付费用等。短期借款、长期借款、实收资本和留存收益等为非敏感性项目。资产负债项目占销售额的百分比也可以根据以前若干年度的平均数确定。

（2）计算预计敏感资产和负债，公式如下：

$$预计敏感资产（负债）= 预计销售额 \times 各项目销售百分比$$

此公式中资产和负债应是并列的。

（3）预计留存收益增加额。留存收益是企业内部筹资来源，只要企业有盈利并且没有全部用来支付股利，留存收益就会使股东权益自然增长。留存收益可以满足或部分满足企业的融资需求，从而减少外部筹资额度。留存收益的多少取决于企业净利润的多少和股利支付率的高低。

$$留存收益增加 = 预计销售额 \times 销售净利率 \times （1 - 股利支付率）$$

（4）计算外部融资需求，公式如下：

$$外部融资需求 = 预计敏感总资产 - 预计敏感总负债 - 预计股东权益$$

2. 根据销售增加量确定融资需求

这种方法在本质上与销售总额法是一样的，只不过计算方式不同。

（1）同销售总额法的第一步一样，计算资产负债表中各敏感性项目分别占销售收入的比重。

（2）根据产品销售收入预计增量计算各敏感性项目的预计增量。

（3）根据资金平衡原理确定资金需求量，公式如下：

$$资金需求总量 = 资金占用增量 - 资金来源增量$$
$$= 敏感资产增量 - 敏感负债增量$$

（4）确定企业留存收益增加额，公式如下：

$$留存收益增加额 = 内部融资额 = 预计销售收入额 \times 销售净利率 \times （1 - 股利支付率）$$

（5）确定外部融资需求量。企业外部融资需求量等于销售增加引起的资金需求总量减去内部积累资金。即：

$$企业外部融资需求量 = 敏感性资产增量 - 敏感性负债增量 - 留存收益增加额$$

通常用公式表示为：

$$企业外部融资需求量 = 资产增加 - 负债自然增加 - 留存收益增加$$
$$= （资产销售百分比 \times 新增销售额 - 负债销售百分比 \times 新增销售额）$$
$$- 预计销售净利率 \times 预计销售额 \times （1 - 股利支付率）$$

3. 应考虑的变动因素

这里假定用销售百分比法预测年度非敏感性项目、敏感性项目及其与销售的百分比基本均与基年保持不变。在实际中，非敏感项目、敏感项目及其与销售的百分比很有可能会变动，具体表现为非敏感性资产、非敏感性负债项目的构成及其数量的增减变动，敏感性资产、敏感性负债项目的构成及其与销售百分比的增减变动。这些变动对资金需要总量和追加外部筹资额都会产生一定的影响，必须相应地做出调整。

4.销售百分比法的优缺点

销售百分比法的优点主要在于能为财务管理提供短期的预计财务报表，以适应外部筹资的需要，并且易于使用。这种方法的缺点在于，若有关固定比率的假定不真实，以此为依据进行预测就会导致错误的结论。因此，当与销售有关的因素发生变动时，企业必须进行相应的调整。

5.销售百分比法举例

[例 5-1] YS 公司 201× 年的销售收入为 300 万元。假定下一年度企业的经营情况与上年基本相同，生产能力不变，根据市场情况，预计下一年度销售收入将提高到 450 万元。假定下一年度预计净利润为 60 万元，若公司 30% 的利润被留用，要求预测下一年度的全部资金需求量。

1.YS 公司 201× 年资产负债表

YS 公司 201× 年资产负债表（简表）

单位：万元

资产	金额	负债和所有者权益	金额
货币资金	24	短期借款	75
应收票据及应收账款	27	应付票据及应付账款	21
预付账款	18	应交税费	12
存货	48	非流动负债	89
固定资产	425	实收资本	330
		留存收益	15
资产总额	542	负债和所有者权益总额	542

2.YS 公司下一年度预计资产负债表

根据上表中的数据，YS 公司可以求出各敏感项目占销售收入的比重，并编制下一年度预计资产负债表。

YS 公司下一年度预计资产负债表（简表）

单位：万元

项目	占销售收入的比重（%）	预计数	项目	占销售收入的比重（%）	预计数
货币资金	8	36.00	短期借款	—	75.00
应收票据及应收账款	9	40.50	应付票据及应付账款	7	31.5

（续表）

项目	占销售收入的比重（%）	预计数	项目	占销售收入的比重（%）	预计数
预付账款	6	27.00	应交税费	4	18.00
存货	16	72.00	非流动负债	—	89.00
固定资产净值	—	425.00	实收资本	—	330.00
			留存收益	—	15.00
敏感资产增量		58.50	敏感资产增量		16.50
合计		600.50	合计		558.50

3. 计算外部融资需求

（1）根据销售收入总额确定外部融资需求

外部融资需求 = 预计敏感总资产 − 预计敏感总负债 − 预计股东权益

= 600.50-558.50-60×30%=24（万元）

（2）根据销售收入增加量确定外部融资需求

外部融资需求 = 敏感资产增量 − 敏感负债增量 − 预计股东权益

=58.50-16.50-60×30%=24（万元）

5.2.2　线性回归分析法

线性回归分析法是根据变量的大量实际观察数据，寻求隐藏在偶然性后面的统计规律，以确定和分析变量之间相互关系的一种数理统计方法。将线性回归分析法应用在企业财务管理中，需假定资金需要量与业务量之间存在线性关系，建立数学模型，然后根据有关历史资料，用回归直线方程确定参数，预测资金需要量。在这一过程中，企业先按资金需要量与业务量之间的关系对资金进行分类，然后据此做出相关预测，因此又常被称为资金习性预测法。

所谓资金习性，是指资金的变动同产品产销数量变动之间的依存关系。按照资金与产销量之间的变动依存关系，可以把资金分为不变资金、变动资金和半变动资金三种。在管理会计中有成本习性这一概念，根据成本习性，可以将成本分为固定成本、变动成本、混合成本。将两者联系起来考虑，其本质是一致的，有助于我们对资金习性的理解。

所谓不变资金，是指在一定的产销范围内，不随产销量变动而变动的资金，一般包括为维持营业而占用的最低数额的现金，原材料的保险储备，必要的产成品或商品储备，以及企业的厂房、机器设备等固定资产占用的资金。

所谓变动资金，是指随着产销量变动而成正比例变动的资金，一般包括直接构成产成品实体的原材料、外购部件等，最低储备以外的现金、存货、应收账款等占用的资金。

所谓半变动资金，是指虽然受产量变化影响，但不成比例变动的资金，比如一些辅助材料占用的资金。通过一定的方法，可以把半变动资金分解为变动资金和固定资金。

资金习性预测法就是对资金习性进行分析，将其分为变动资金和不变资金，然后根据资金与产销量之间的数量关系来建立数学模型，同时采用回归分析法，根据历史资料预测资金需要量。

预测的基本模型是：

$$Y=a+bX$$

公式中，Y 为资金需要量，a 为不变资金，b 为单位产销量所需要的变动资金，X 为产销量。

采用这种方法的关键是计算出 a 和 b，进而建立回归分析方程，然后预测资金需用量。

$$a=\left(\sum Y-b\sum X\right)/n$$
$$b=\left(n\sum XY-\sum X\sum Y\right)/\left[n\sum X^2-\left(\sum X\right)^2\right]$$

资金习性预测法包括总额法和分项预测法。

1. 总额法

总额法就是按照企业历史上占用资金总额与产销量的关系，把资金分为变动资金和不变资金两部分，然后结合预测期的产量来预测资金需要量。

［例5-2］某公司2011年至2018年产销量与资金需要量如下表所示。假设2019年产销量为35万件，试预测2019年资金需要量。

2011年至2018年产销量与资金需要量表

年份	2011	2012	2013	2014	2015	2016	2017	2018
产销量（万件）	15	18	20	23	25	27.50	28	30
资金需要量（万元）	20	22	24	26	28	30	32	34

根据2011年至2018年产销量与资金需要量表计算整理出如下数据。

资金需要量预测的相关数据

年份	产销量 X（万件）	资金需要量 Y（万元）	XY	X^2
2011	15	20	300	225
2012	18	22	396	324
2013	20	24	480	400
2014	23	26	598	529
2015	25	28	700	625
2016	27.50	30	825	756.25
2017	28	32	896	784
2018	30	34	1 020	900
$n=8$	$\sum X$=186.50	$\sum Y$=216	$\sum XY$=5 215	$\sum X^2$=4 543.25

根据上表数据，可以得到如下公式：

a＝（216-186.50b）÷8

b＝（8×5 215-186.50×216）÷（8×4 543.25-186.50^2）

可以求得 a=5.599，b=0.918。即不变资金总额为 5.599 万元，单位产销量所需要的变动资金为 0.918 万元。资金需要量与产销量的关系为：

Y=5.599+0.918X

将 2019 年预计产销量 35 万件代入上式，可以得出该公司 2019 年资金需要量为 37.73（5.599+35×0.918）万元。

2. 分项预测法

分项预测法就是根据各资金占用项目（如现金、存货、应收账款、固定资产）同销售收入之间的关系，把各项目的资金分为变动资金和不变资金两部分，然后汇总求出企业变动资金总额和不变资金总额，再据此预计资金需要量。

3. 注意事项

资金习性预测法利用资金需要量与产销量之间的数学关系进行预测，是一种比较科学合理的预测方法。使用资金习性预测法必须要注意以下问题：

（1）资金需要量与产销量之间存在线性关系的假设应该符合实际情况；

（2）确定 a、b 的数值，回归分析模型应该利用预测年度前连续若干年的历史资料，至少要有三年以上的数据记录；

（3）在模型分析时应该考虑价格等因素的变化。

第 6 章

财务预算

——综合预算结果的展现

6.1　财务预算概述

企业完成生产经营预算、资本预算、筹资预算编制后，就可以进入全面预算体系中的财务预算编制环节了，即总预算的编制。企业财务预算是在预测和决策的基础上，围绕企业战略目标，对一定时期内企业资金取得和投放、各项收入和支出、企业经营成果及其分配等资金运动所做的具体安排。

财务预算应当围绕企业的战略要求和发展规划，以业务预算、资本预算为基础，以经营利润为目标，以现金流为核心进行编制，并主要以财务报表的形式予以充分反映。企业财务预算一般按年度编制，业务预算、资本预算、筹资预算分季度、分月份落实。

6.1.1　财务预算的作用

财务预算主要是由财务部门根据各职能部门提交的各项经营预算和资本预算资料来编制的。各种业务预算和资本预算最终都反映在财务预算中，即财务预算是各项经营预算、资本预算和筹资预算的汇总。它主要以现金预算、预计资产负债表和预计利润表等形式反映，这也是它被称为"总预算"的原因。与之相对应，其他预算被称为"分预算"。"总预算"对企业有着非常重要的作用，它可以将企业生产、销售、采购等部门的预算归为一个整体，为企业最高管理者的决策提供依据，同时也可以作为企业总体经营业绩的评价标准。总预算的作用具体体现在以下几方面。

1. 为企业管理者提供管理决策依据

各部门预算只反映企业中各部门的决策情况，企业最高管理者在做出企业总体重大决策时，必须全面且细致地了解本企业未来期间的财务状况、经营成果和现金收支情况，财务预算就为最高管理者提供了这种数据资料。

2. 为企业总体业绩的评价制定标准

大到一个企业，小到员工个人，都需要对自己在一定期间内的表现做出总结，评价任务完成情况的好坏。财务预算可以作为企业的业绩评价标准，因为它考虑了企业的总体情况、历史数据和未来发展，是对企业预算期间经营情况比较客观的预测。而且，财务预算采用的形式与企业的实际年度报告形式相似，便于对比分析实际经营情况的优劣。

3. 将企业各部门分散的预算归为一个整体

通过汇总各部门的数据，可以使企业各业务和职能部门单个的、分开的预算成为整个企业的总体预算，从各部门的角度上升到整个企业的角度，立足于全局。同时，财务预算把各业务预算、部门预算中的各项目数据又重新调整顺序，使企业的整体概念更突出、更明确。

6.1.2　财务预算的编制原则与依据

1.财务预算的编制原则

（1）坚持效益优先原则，实行总量平衡，进行全面预算管理。

（2）坚持积极稳健原则，确保以收定支，加强财务风险控制。

（3）坚持权责对等原则，确保切实可行，围绕经营战略实施。

2.财务预算的编制依据

企业编制财务预算应当按照先经营预算、资本预算、筹资预算，后财务预算的流程进行，并按照各预算执行单位所承担经济业务的类型及其责任权限，编制不同形式的财务预算。经营预算是反映预算期内企业可能形成现金收付的生产经营活动（或营业活动）的预算，一般包括销售或营业预算、生产预算、制造费用预算、产品成本预算、营业成本预算、采购预算、期间费用预算等，企业可根据实际情况具体编制。资本预算是企业在预算期内进行资本性投资活动的预算，主要包括固定资产投资预算、权益性资本投资预算和债券投资预算。筹资预算是企业在预算期内需要新借入的长短期借款、经批准发行的债券以及对原有借款、债券还本付息的预算，主要依据企业有关资金需求决策资料、发行债券审批文件、期初借款余额及利率等编制。企业经批准发行股票、配股和增发股票，应当根据股票发行计划、配股计划和增发股票计划等资料单独编制预算。股票发行费用也应当在筹资预算中分项做出安排。

6.2　现金预算

6.2.1　现金预算的概念

现金预算是按照现金流量表中主要项目编制的反映企业预算期内一切现金收支及其结果的预算。这里所说的现金，包括库存现金、银行存款和其他货币资金。现金预算是企业财务预算体系的核心。

现金预算是以经营预算、资本预算和筹资预算为基础的，是所有有关现金收支预算的汇总。它综合反映了企业在预算期内现金流转的预计情况，主要作为企业资金头寸调控管理的依据。现金预算通常包括现金收入，现金支出，现金的多余和不足，现金的筹集和使用四个部分。

现金流量状况如何，不仅直接关系到企业的获利和竞争能力，而且对企业财务风险状况的大小具有决定性的影响。因此，企业财务部门编制现金预算的主要目的是合理处理企业现金收支业务，保证有足够的现金满足企业的经营需要，并且要适时合理地调度资金，对多余现金加以有效利用，保证企业财务的正常流转。

1. 现金收入

现金收入包括期初的现金结余数和预算期内预计发生的现金收入，如企业预算期内预计的现销收入、应收款项回收额、应收票据到期兑现额和票据贴现净额等。

2. 现金支出

现金支出是指预算期内预计发生的现金支出，如采购原材料支付货款，支付工资，支付部分制造费用，支付销售费用、管理费用及财务费用，偿付应付款项，缴纳税金，购买设备和支付股利等。

3. 现金多余和不足

企业预算期内，现金收支相抵后的余额，若为收大于支，则现金多余，除了可以用来偿还银行借款之外，还可以用来进行投资，如购买各种有价证券；若为收小于支，则现金不足，需要设法筹集资金。

4. 现金的筹集和使用

企业预算期内若资金不足，可向银行借款或发放债券以筹集资金。

6.2.2　现金预算的作用

1. 便于企业管理者预计预算期内现金的多余或不足情况

通过编制现金预算，企业可以预计现金的多余或不足出现的时间和金额，采取相应的应对措施，防患于未然。现金不足，即现金周转出现困难，付现难给企业带来的不利可想而知；而现金多余闲置在企业，容易被管理者浪费在奢侈品的购置上，而不进行高收益的投资，从而给企业带来很高的机会成本。而且，从企业并购理论来看，大量的现金多余还可能引起被并购的危险。这种并购都是为了获得企业的现金，而不是出于改善企业经营的目的，若企业想对付这种恶意收购，成本是很高的。因此，加强现金预算的管理是很重要的。

2. 可以预计企业在未来时期对到期债务的直接偿付能力

企业的负债需要用现金来偿还，如果不能合理预计未来时期企业的现金短缺情况，那么很可能会出现到期无法清偿债务的危机，这可能会引起债权人的诉讼，对企业的信誉产生不良影响，甚至会导致企业破产。现金预算的编制能在一定程度上解决这个问题。

3. 可以作为改进其他预算的依据

现金预算是有关预算的总结，能够反映出整个企业的现金流动情况，企业据此可以对相关部门的现金使用情况提出改进意见。例如，在编制现金预算的过程中，若发现现金短缺，可以建议销售部门重新安排销售计划，或者建议采购部门推迟材料采购计划，以增加现金收入，减少现金支出。

6.2.3 现金预算的编制原则

编制现金预算应遵循的基本原则可用下面的公式来表示：

期末现金余额 = 期初现金余额 + 现金收入 − 现金支出

现金预算一般都要显示每一季度的期初、期末现金余额，企业在编制现金预算时，对期初、期末余额的处理可能会有两种情况。

（1）企业对每一季度的期末余额没有具体要求，以预算的数额为标准，将每一季度的期末余额结转为下一季度的期初余额。这种情况下，就需要根据季度依次编制预算，而第四季度的期末余额也就是预算年度的期末余额。

（2）有些企业为了保证生产经营的安全，会对每一季度的期末余额，也就是下一季度的期初余额有一定的要求，这样就可以同时编制四个季度的预算。如果预算中某一个季度的期末现金余额没有达到要求，那么需要通过上述等式把企业要求的期末余额与实际期末余额的差额补齐。

6.2.4 编制现金预算需要注意的问题

1. 权责发生制与收付实现制

会计在确认和计量时遵循权责发生制，但现金预算的编制应遵循收付实现制，即以实际收到现金的时间确认现金收入，以实际支付现金的时间确认现金支出。

2. 保证基础预算的合理性

现金预算提供的是一种预测值，现金预算编制表中提供的所有数据也都是预测值，因此，要保证现金预算的准确合理，前面的基础预算也必须合理。如果前面某一项目的实际发生额与预算出现差异，那么预计的现金结余或不足也就不准确，从而无法做出正确的投资或筹资决策。

3. 现金预算包括的项目

在编制现金预算时，相关人员不需要考虑某项目是利润表项目还是资产负债表项目，也不需要考虑其经济性质，只要与现金流量有关的项目都应该包括在现金预算里。

4. 以期中为基准编制现金预算

如果在一个预算期内的现金流入和现金流出发生的时间不一致，就有可能高估或者低估融资需求量。这时，一般以期中为基准编制现金预算更为合适。

5. 确定目标现金余额

企业之所以会根据现金溢余或者短缺进行投资或者融资，是为了保持一个合理的现金持有量。当企业预计的现金余额与最佳目标现金持有量之间不一致时，可采用融资策略或归还借款，或投资于有价证券等策略来实现目标现金持有状况。每个企业都应该有一个目标现金余额，这样既能保证企业生产经营的需要，又能使企业获得最大收益，这也是现金管理的另一个内容——确定目标现金余额。无论企业采用什么方式确定最佳现金持有量，都必须根据自身经营的季节性特点和经营规模的变动及时进行调整。

[例 6-1] 沿用前面章节 YS 公司的相关数据，以下为 YS 公司编制的现金预算表。表中①②数据为直接给出。

YS 公司现金预算表

单位：元

项目	本年预算
期初现金余额	**1 200 345.02**
加：本期销售收入现金余额	2 337 700.00
本期可供使用现金	**3 538 045.02**
减：本期现金支出	**3 718 924.67**
其中：直接材料	116 528.75
直接人工	399 300.00
制造费用	257 349.99
管理费用	326 755.60
销售费用	1 838 390.00
财务费用	230 600.33
所得税①	50 000.00
资本支出②	500 000.00
现金多余或不足	**-180 879.65**
外部筹资或还款	240 000.00
现金余额	**59 120.35**

6.3 预计利润表与资产负债表

6.3.1 简述预计利润表

预计利润表用于综合反映企业整个预算期间经营管理活动的财务成果、必须履行的纳税义务以及基于观察留存收益可帮助企业解决的融资来源。编制预计利润表是财务预算中的一个重要环节，也是编制预计资产负债表的基础。

1. 利润与现金流量的区别

前面现金预算编制的部分已有说明，现金预算是基于收付实现制的。"利润"与"现金"不同，利润是在权责发生制的基础上确定收入和支出的，也就是基于企业在经济实质上已经获得了收取现金的权利，或在已经承担了支付现金义务的时点上对收入和支出加以确认。这个时点与实际收到或支付现金的时间很可能是不同的。这种时间差就造成了利润和现金流量的不同。

另外，利润表中包含非现金项目，最典型的例子就是折旧和坏账准备。

2. 预计利润表的数据来源

构成预计利润表的收支项目主要来自两个方面：一是企业生产经营管理活动的收支；二是企业财务活动的收支。

企业编制预计利润表时，有关生产经营管理活动的收支数据可以直接取自各项经营预算；有关企业财务活动的收支数据，除了在经营预算中体现，还涉及资本预算。

企业在进行生产经营活动的同时，若还从事金融投资活动、进行证券投资等，则会给企业带来相应的投资收益或投资损失。有关的财务活动在形成现金流出与现金流入的同时，必然还会产生相关的财务费用，包括利息及各项财务管理费用。

6.3.2 简述预计资产负债表

预计资产负债表是用于反映预算期期末企业资产占用总额、分布结构以及负债与所有者权益等资金来源状况的预算报表，是为企业在预算期末预计财务状况而编制的预算。

预计资产负债表以预算期期初的资产负债表为依据，并考虑预算期的情况，根据预算期各项预算中的有关数据进行调整。

第 7 章

全面预算编制过程实例

——从销售预算到财务报表预算

全面预算编制过程实例

- 7.1 销售预算
- 7.2 生产预算
- 7.3 直接材料预算
- 7.4 直接人工预算
- 7.5 制造费用预算
- 7.6 产品成本预算
- 7.7 销售费用及管理费用预算
- 7.8 资本预算
- 7.9 现金预算表
- 7.10 预计利润表
- 7.11 预计资产负债表

全面预算的编制包含了经营预算、资本预算、筹资预算以及财务预算。经营预算包含了销售预算、直接材料预算、直接人工预算、制造费用预算、产品成本预算以及期间费用预算，各预算中都应包含现金收入预算与支出预算；资本预算是对长期资产项目的投资支出进行预算；筹资预算则是对日常经营所需资金以及资金的获得情况进行筹划和预算；财务预算包含了三张报表（现金预算表、预计利润表和预计资产负债表）的编制。

本章以某水泥企业（ZH 公司）为例，对预算编制过程进行介绍。本章涉及全面预算的绝大部分内容，但受水泥企业具体经营特点的影响（如水泥生产受到环保部门错峰生产计划的限制），以及篇幅所限，案例中未将全部预算内容都逐一列示，如财务预算、筹资预算、现金流量表预算等；同时对部分数据未全部列示其计算过程，采用了直接给出数据的方式。

（一）历史沿革

ZH 公司是水泥行业具有百年历史的龙头企业，也是政府重点扶持的一家大型工业企业；由 ZH 公司为主发起人，联合 A 公司、B 公司、C 公司和 D 研究院为主体整体改制设立而成。JY 会计师事务所有限责任公司以 001 号验资报告对出资进行了验证。ZH 公司于 2001 年 5 月 1 日取得中华人民共和国国家工商行政管理总局颁发的企业法人营业执照，公司设立时的股本为人民币 3 000 万元。

截至 2018 年 12 月 31 日，ZH 公司股本构成如表 7-1 所示。

表 7-1　ZH 公司股本构成

股东名称	持股比例（%）
A 公司	20
B 公司	30
C 公司	40
D 研究院	10
合计	100

（二）主营业务

ZH 公司主要经营水泥、水泥设备、水泥包装制品的制造与销售业务。公司拥有国内先进的质量保证体系，在水泥行业率先通过了 ISO 9001 和 ISO 14000 体系认证。公司所有水泥产品均为国家免检产品。

ZH 公司具有极强的技术与管理优势，投产建成 3 500 吨 / 天水泥生产线，在建设工期、工程质量、资金投入、项目管理及设备国产化等方面均创造了国内最佳，得到了国内外专家的高度赞赏，公司所有在建、拟建项目，全部符合国家的产业政策，为政府所支持。

（三）行业背景

从全国范围来看，水泥产能过剩是水泥行业近年需要面对的主要问题。政府表示通过错峰生产和行业自律，目前水泥产能过剩的问题已经得到了一定的缓解，但这也导致了水泥价格的上升。错峰生产成为中长期措施，省工信委与环保厅共同发布通知，要求在全省水泥行业推行每年不少于55天的错峰生产，主要是在农历新年、高温天气以及污染较高的时期。这反映错峰生产已逐渐成为管理部门的较长期措施，以维持健康的行业供应。

7.1　销售预算

销售预算包括产品的名称、销售量、单价、销售额等项目。在生产经营多种产品的企业中，为了避免销售预算过于繁杂，一般不会把所有产品的有关数据全都详细地反映在预算中，而是列示全年及各季度的销售总额，并对几种主要产品分别编制销售预算表，将其附在销售预算之后，数量较少、销售额较低的产品则予以省略。

为方便编制现金预算，在销售预算中，一般还附有预计现金收入表，预计现金收入数应为预计本期销售收入中应收到的款项。

［例7-1］表7-2为ZH公司201×年度的销售预算表。水泥销售一般采用预收款项的形式，仅对部分供应商企业采用应收款项的形式。ZH公司每月销售收入的90%为当月收到现金，其余10%于下个月收到现金。

7.2　生产预算

销售预算确定后，即可根据计划期的销售量制定生产预算。一般情况下，企业都会备有一定数量的存货以应付临时需要，这就导致每期生产数量与当期的销售量不一定相等。本期生产数量的计算公式如下：

本期生产数量 = 本期销售量 + 期末产成品存货数量 − 期初产成品存货数量

［例7-2］表7-3为ZH公司201×年度的生产产量预算表，表7-4为ZH公司201×年度的生产产能预算表。在生产预算中，期末产成品存货数量用下期计划销售数量减去上期库存数量得出，但实际生产中一般按稍大于计划销量安排，以备有新增客户或者项目出现；年末产成品存货数量则是根据对下一年第一季度销售数量的大致估计数得到；期初产成品存货数量等于上期期末产成品存货数量。

本例中水泥产量的预测主要依据产能预算得出，这与本企业生产的特殊性相关，暂不考虑期初和期末存货情况。

表 7-2　ZH 公司 201× 年销售预算表

项目		1 月	2 月	3 月	4 月	5 月	6 月	7 月	8 月	9 月	10 月	11 月	12 月	累计
水泥总销量（万吨）		0.05	1.13	0.17	1.52	5.00	4.00	5.00	4.30	5.15	4.99	4.96	1.16	36.30
32.5# 水泥		0.03		0.14	0.97	2.50	1.00	1.50	1.20	1.96	1.50	1.26	1.02	13.08
42.5# 水泥		0.02		0.03	0.55	2.50	3.00	3.50	3.10	3.19	3.49	3.70	0.14	23.22
售价（元/吨）														
32.5# 水泥		213.50		191.90	190.47	197.50	192.91	194.89	194.43	189.27	197.98	191.31		
42.5# 水泥		242.38		230.85	235.43	234.54	234.01	235.18	236.69	241.86	238.92	237.14		
成本（元/吨）														172.97
32.5# 水泥					154.24	151.71	156.33	158.02	157.63	158.52	157.79	160.40		
42.5# 水泥					184.01	183.36	180.36	179.36	178.67	190.59	183.76	179.36		
主营业务收入（万元）	32.5# 水泥	6.41		26.87	184.76	493.75	192.91	292.34	292.34	370.97	296.97	241.05		2 398.37
	42.5# 水泥	4.85		6.93	129.49	586.35	702.03	823.13	733.74	771.53	833.83	877.42		5 469.30
	小计	11.26		33.80	314.25	1 080.10	894.94	1 115.47	1026.08	1 142.50	1 130.80	1 118.47		7 867.67
主营业务成本（万元）	32.5# 水泥				149.62	379.28	156.33	237.04	189.16	310.7	236.69	202.11		1 860.93
	42.5# 水泥				101.21	458.41	541.09	627.77	553.89	607.3	641.34	663.65		4 194.65
	小计				250.83	837.69	697.42	864.81	743.05	918.00	878.03	865.76		6 055.59
预计现金收入（万元）		10.13	1.13	30.41	286.21	1 003.515	913.456	1 093.417	1 035.019	1 130.858	1 131.97	1 119.703	111.85	7 867.67

注：水泥总销量及售价依据市场情况获得，成本 172.97 万元为已知。

预计现金收入＝主营业务收入×当月现金回收比率。例如，1 月预计现金收入＝11.26×90%＝10.13（万元），4 月预计现金收入＝314.25×90%+33.80×10%＝285.21（万元），其他同理。

表 7-3 ZH 公司 201×年度生产量预算表

单位：万吨

项目	1月	2月	3月	4月	5月	6月	7月	8月	9月	10月	11月	12月	累计
水泥产量				**2.16**	**4.95**	**5.07**	**5.26**	**5.04**	**4.78**	**5.02**	**4.54**		**36.82**
32.5#水泥				1.28	2.45	1.96	1.76	1.94	1.61	1.50	1.12		13.62
42.5#水泥				0.88	2.50	3.11	3.50	3.10	3.17	3.52	3.42		23.20
水泥总销量	**0.05**		**0.17**	**1.52**	**5.00**	**4.00**	**5.00**	**4.30**	**5.15**	**4.99**	**4.96**	**1.16**	**36.30**
32.5#水泥	0.03		0.14	0.97	2.50	1.00	1.50	1.20	1.96	1.50	1.26	1.02	13.08
42.5#水泥	0.02		0.03	0.55	2.50	3.00	3.50	3.10	3.19	3.49	3.70	0.14	23.22

表 7-4 ZH 公司 201×年度生产产能预算表
水泥磨产能产量情况表

磨机	水泥磨型号	台时产量（吨/小时）	年生产能力（万吨）	2018年检修计划（天）												
				1月	2月	3月	4月	5月	6月	7月	8月	9月	10月	11月	12月
水泥磨	3.2*13	120	60	2	0	0	3	5	3	4	3	3	1	2	4
合计			60	2	0	0	3	5	3	4	3	3	1	2	4
水泥产量			36.82				2.16	4.95	5.07	5.26	5.04	4.78	5.02	4.54	0
产能利用率													61%（36.82÷60×100%）		

7.3　直接材料预算

编制直接材料预算的主要依据是计划期产成品生产数量，以及单位产品直接材料耗用量和直接材料单位价格。直接材料预算总成本的计算公式为：

直接材料预算总成本 = 直接材料单位价格 ×（计划期产成品生产数量 × 单位产品直接材料耗用量）

同产成品一样，本期直接材料购买数量可以利用下列公式计算得出：

本期购买材料数量 = 本期生产耗用材料数量 + 期末材料存货数量 - 期初材料存货数量

为便于编制企业财务预算，直接材料预算中一般附有预计现金支出表，以反映在各期间为本期购买直接材料支出的现金数（下例中略）。

［例 7-3］ZH 公司 201× 年度的单位直接材料耗用预算如表 7-5 所示。

表 7-5　ZH 公司 201× 年度单位直接材料耗用预算表

金额单位：元

预计水泥年产量（吨）：368 200 ①						
成本项目	单位	实际价格②	单位消耗量③	消耗量④ = ① × ③	预算总成本⑤ = ② × ④	预算单位成本⑥ = ② × ③
1. 熟料	吨	162.32	0.64	235 648	38 250 383.36	103.88
2. 铁渣	吨			0	0	0
3. 灰渣	吨	58.57	0.13	47 866	2 803 511.62	7.61
4. 碎石	吨	41.86	0.03	11 046	462 385.56	1.26
5. 石膏	吨	105.23	0.03	11 046	1 162 370.58	3.16
6. 助磨剂	千克	3.11	1.19	438 158	1 362 671.38	3.70
7. 钢球	千克	5.91	0.12	44 184	261 127.44	0.71
8. 粉状石灰石	吨			0	0	0
9. 矿渣	吨	69.72	0.02	7 364	513 418.08	1.39
10. 矿粉	吨	168.94	0.09	33 138	5 598 333.72	15.20
小计					50 414 201.74	136.92

注：水泥预算单位成本小计 =50 414 201.74÷368 200=136.92（元），与单项累加数 136.91 的差异是因小数计算产生的误差。

7.4　直接人工预算

直接人工预算也是根据生产预算编制的，用于对计划期内直接生产工人的人工耗费进行规划，以便合理安排人员，满足生产需要。

编制直接人工预算的主要依据是单位产品直接人工工时耗用量、生产量和单位工资率。

［例 7-4］ZH 公司 201× 年度的直接人工预算如表 7-6 所示。

表 7-6　ZH 公司 201× 年度直接人工预算表

金额单位：元

预计水泥年产量（吨）：368 200①			
项目	人工工时耗用量②	单位工资率③	直接人工成本 ④＝①×②×③
一、工资、奖金、津贴和补贴	3.68	0.32	433 592.32
二、职工福利费			0
三、社会保险费	3.68	0.54	731 687.04
其中，1. 医疗保险费	3.68	0.27	365 843.52
2. 基本养老保险费	3.68	0.06	81 298.56
3. 失业保险费			0
4. 工伤保险费	3.68	0.18	243 895.68
5. 生育保险费	3.68	0.01	13 549.76
四、住房公积金	3.68	0.01	13 549.76
五、工会经费	3.68	0.01	13 549.76
六、职工教育经费	3.68	0.11	149 047.36
七、辞退福利及内退补偿			
八、短期利润分享计划			
合计			1 341 426.24

7.5　制造费用预算

制造费用预算也是根据生产预算编制的，是对生产成本中除直接人工费用和直接材料费用外的其他生产费用的规划。编制制造费用预算的主要依据是计划期预计生产量、制造费用标准耗用量和标准价格。

为了便于编制现金预算，制造费用预算中也应包括预计现金支出额。在计算支出金额时，应该注意的是折旧费用虽然包括在固定制造费用中，但并没有带来计划期的现金支付，因此应从制造费用额中扣除（下例中略）。

[例 7-5] ZH 公司 201× 年度的制造费用预算情况如表 7-7 所示。

表 7-7　ZH 公司 201× 年度制造费用预算表

金额单位：元

预计水泥年产量（吨）：368 200

项目	第一季度	第二季度	第三季度	第四季度	全年合计	单位标准耗用额
1. 职工薪酬		136 416.00	168 896.00	107 072.00	412 384.00	1.12
2. 福利费		1 218.00	1 508.00	956.00	3 682.00	0.01
3. 劳动保护费		4 872.00	6 032.00	3 824.00	14 728.00	0.04
4. 保险费		0	0	0	0	0
5. 折旧费	283 422.15	283 422.15	283 422.15	283 422.15	1 133 688.60	3.08
6. 通信费		0	0	0		0
7. 修理费		29 232.00	36 192.00	22 944.00	88 368.00	0.24
8. 差旅费		6 090.00	7 540.00	4 780.00	18 410.00	0.05
9. 办公费		1 218.00	1 508.00	956.00	3 682.00	0.01
10. 水电费		3 654.00	4 524.00	2 868.00	11 046.00	0.03
11. 低值易耗品摊销		1 218.00	1 508.00	956.00	3 682.00	0.01
12. 业务招待费		8 526.00	10 556.00	6 692.00	25 774.00	0.07

（续表）

项目	第一季度	第二季度	第三季度	第四季度	全年合计	单位标准耗用额
13. 会务费		25 578.00	31 668.00	20 076.00	77 322.00	0.21
14. 其他		918 372.00	1 137 032.00	720 824.00	2 776 228.00	7.54
合计	283 422.15	1 419 816.15	1 690 386.15	1 175 370.15	4 568 994.60	12.41

注：（1）单位标准耗用额依据上一年度数值获得。

（2）各季度制造费用项目预算＝单位标准耗用额 × 各季度计划产量。第二季度至第四季度的计划产量参见本章表7-3，计算结果为：

第二季度计划产量 =21 600+49 500+50 700=121 800（吨）

第三季度计划产量 =52 600+50 400+47 800=150 800（吨）

第四季度计划产量 =50 200+45 400=95 600（吨）

第二季度制造费用中职工薪酬预算 =1.12×121 800=136 416（元），其他同理。

7.6　产品成本预算

企业根据前述几项预算可以编制出产品成本预算。制定产品成本预算的目的，一是确定预计损益表中销货成本的数据；二是确定预计资产负债表中期末产成品存货的价值。在产品成本预算中，年末产成品存货成本部分也可以单独编制预算。

［例7-6］ZH公司201×年度水泥综合成本预算如表7-8所示。

表7-8　ZH公司201×年度水泥综合成本预算表

金额单位：元

预计水泥年产量（吨）：368200						
成本项目	单位	实际价格	单位消耗量	消耗量	预算总成本	单位预算成本
一、直接材料					**50 414 201.74**	**136.92**
1. 熟料	吨	162.32	0.64	235 648	38 250 383.36	103.88
2. 铁渣	吨			0	0	0
3. 灰渣	吨	58.57	0.13	47 866	2 803 511.62	7.61
4. 碎石	吨	41.86	0.03	11 046	462 385.56	1.26

（续表）

成本项目	单位	实际价格	单位消耗量	消耗量	预算总成本	单位预算成本
5. 石膏	吨	105.23	0.03	11 046	1 162 370.58	3.16
6. 助磨剂	千克	3.11	1.19	438 158	1 362 671.38	3.70
7. 钢球	千克	5.91	0.12	44 184	261 127.44	0.71
8. 粉状石灰石	吨			0	0	0
9. 矿渣	吨	69.72	0.02	7 364	513 418.08	1.39
10. 矿粉	吨	168.94	0.09	33 138	5 598 333.72	15.20
二、动力①	**度**	**0.5899549129**	**33.89**	**12 478 298**	**7 361 633.21**	**19.99**
三、直接人工					**1 341 426.24**	**3.68**
四、制造费用					**4 568 994.60**	**12.41**
1. 职工薪酬					412 384.00	1.12
2. 福利费					3 682.00	0.01
3. 劳动保护费					14 728.00	0.04
4. 保险费					0	0
5. 折旧费					1 133 688.60	3.08
6. 通信费						0
7. 修理费					88 368.00	0.24
8. 差旅费					18 410.00	0.05
9. 办公费					3 682.00	0.01
10. 水电费					11 046.00	0.03
11. 低值易耗品摊销					3 682.00	0.01
12. 业务招待费					25 774.00	0.07
13. 会务费					77 322.00	0.21
14. 其他					2 776 228.00	7.54
产成品成本合计					**63 686 255.79**	**172.97②**
产成品最低售价③						**195.46**

注：①动力数据中的实际价格与单位消耗量依据上年获得。

②产成品单位预算成本 =63 686 255.79÷368 200=172.97（元），与单项累加数额的差异是因小数计算产生的误差。

③产成品最低售价 =172.97×（1+13%）=195.46（元）

7.7 销售费用及管理费用预算

销售费用及管理费用预算是对计划期内发生的生产成本以外的一系列其他费用的预算。

企业在编制销售费用预算时，应区分变动费用与固定费用：对于变动费用，可以根据销售量在各季度之间分配；在固定资产和无形资产无大变动的前提下，固定费用一般为固定资产折旧费和无形资产摊销费，可以按四个季度平均分配，或列入实际支付的季度。

管理费用预算是对企业运营过程中需要支出的管理费用的预算。企业在编制管理费用预算时，应以过去发生的实际支出为参考，结合分析未来企业的业务及变化情况，努力做到使费用支出更合理、更有效。

如果销售费用及管理费用预算包括的项目太多，也可以分别编制预算。

［例 7-7］ZH 公司 201× 年度的销售费用预算和管理费用预算分别如表 7-9、表 7-10 所示。

表 7-9 ZH 公司 201× 年度销售费用预算表

单位：万元

项目	上一年度①	201× 年度第一季度	201× 年度第二季度	201× 年度第三季度	201× 年度第四季度	201× 年度总预算额②	增减率③＝（②－①）÷①
工资薪酬	52.08	0.29	13.68	18.79	14.44	47.20	−9.37%
劳动保护费	1.19		0.98			0.98	−17.65%
折旧费	72.46	18.14	18.14	18.14	18.14	72.56	0.14%
包装费	96.18	0.64	30.72	42.19	32.44	105.99	10.20%
装卸费	26.31	0.18	8.42	11.56	8.89	29.05	10.41%
广告宣传费	2.77					0	
销售提成	0.25		0.22	0.36		0.58	132%
通信费	0.7	0.03	0.16	0.22	0.18	0.59	−15.71%
修理费	3.28		1.08		0.88	1.96	−40.24%
差旅费	6.79	0.30	1.8	1.14	1.65	4.89	−27.98%
办公费	1.21	0.11	0.31	0.41	0.14	0.97	−19.83%
水电费	24.70	5.76	9.21	8.18	8.79	31.94	29.31%

（续表）

项目	上一年度①	201×年度第一季度	201×年度第二季度	201×年度第三季度	201×年度第四季度	201×年度总预算额②	增减率③=（②-①）÷①
业务招待费	3.72	0.93	2.30		2.55	5.78	55.38%
低值易耗品摊销	0.92		0.16	0.15	0.18	0.49	-46.74%
散装水泥专项资金	4.12				3.00	3.00	-27.18%
合计	296.68	26.38	87.18	101.14	91.28	305.98	3.13%

注：（1）工资薪酬、包装费、装卸费等项目依据上年的单位费用率乘以各季度预计销售量（见本章表7-2）获得，固定制造费用以上年为基础四个季度分摊，其他依据上年情况进行适当调整。

（2）上年销售费用相关项目的单位费用率为：工资薪酬1.30、包装费2.92、装卸费0.80。

（3）根据本章表7-2计算可得，201×年度水泥四个季度的预计销量分别为：0.22万吨、10.52万吨、14.45万吨、11.11万吨。

（4）以销售费用中201×年度第一季度的工资薪酬数为例，计算方法为：1.30×0.22=0.29（万元）。

表7-10 ZH公司201×年度管理费用预算表

单位：万元

项目	上一年度①	201×年度第一季度	201×年度第二季度	201×年度第三季度	201×年度第四季度	201×年度总预算额②	增减率③=（②-①）÷①
工资薪酬	162.78	61.46	43.09	46.12	41.92	192.59	18.31%
劳动保护费	23.75		4.50	5.12	4.96	14.58	-38.61%
折旧费	98.46	33.85	34.85	36.85	39.85	145.40	47.67%
保险费	22.06	4.30	4.21	4.76	4.45	17.72	-19.67%
工会经费	25.45	6.91	4.60	4.85	4.42	20.78	-18.35%
劳动保险费	76.80	21.18	18.10	18.14	20.07	77.49	0.90%
诉讼费	27.18			10.00	10.00	10.00	-63.21%
无形资产摊销	134.32	33.58	33.58	33.58	33.58	134.32	
物业费	74.04	20.72			58.97	79.69	7.63%
散装水泥专项资金	6.40						

（续表）

项目	上一年度①	201×年度第一季度	201×年度第二季度	201×年度第三季度	201×年度第四季度	201×年度总预算额②	增减率③＝（②－①）÷①
矿产资源补偿费	12.10	0.80	3.20	3.60	3.40	11.00	−9.09%
通信费	21.52	6.38	4.80	4.00	4.12	19.30	−10.32%
修理费	8.91			1.05	2.05	3.10	−65.21%
差旅费	9.87	2.16	2.09	1.70	1.65	7.60	−23.00%
办公费	5.34	0.69	1.18	0.92	1.41	4.20	−21.35%
水电费	12.11	6.10	3.66	2.90	2.44	15.10	24.69%
业务招待费	8.17	1.64	0.99	5.70	2.17	10.50	28.52%
聘请中介机构费用	1.08				1.43	1.43	32.41%
咨询费	6.50	5.00				5.00	−23.08%
宣传费	0.06				0.06	0.06	
绿化费	3.00						
业务经费	3.10	4.51			2.20	6.71	116.45%
合计	743.01	209.29	158.85	169.29	239.14	776.57	4.52%

注：201×年度预算数以上一年度各季度数据为基础，依据业务及变化情况进行适当调整得到。

7.8 资本预算

资本预算是规划未来期间选择和评价长期资本投资活动（如固定资产的购建、扩建）的相关原则和方法步骤的预算。

企业资本预算的编制需要到什么层次，是由企业的规模、资本支出的规模及甄选标准决定的。

[例7-8] 假设 ZH 公司年度资本预算分为设备购置、技术改造、基建支出，共计金额540.83 万元，分四个季度付款，其预算编制如表 7-11 所示。

表 7-11　ZH 公司 201× 年度资本预算表

单位：万元

序号	项目	第一季度	第二季度	第三季度	第四季度	金额	备注
一、	设备购置	2.80	0.85			3.65	
1	旋风预热器	1.20				1.20	公开招标：由 A 公司供应并负责安装
2	蓖式冷却器	1.60	0.85			2.45	公开招标：由 B 公司供应并负责安装
二、	技术改造	40.00	36.00	163.18	36.00	275.18	
1	立窑卸料系统节能改造	40.00	36.00	95.18		171.18	由生产技术部承接，工期计划为 6 个月
2	熟料库顶平拉链技改			68.00	36.00	104.00	由生产技术部承接，工期计划为 3 个月
三、	基建支出	34.00	54.00	79.00	95.00	262.00	
	一区生产厂房建设	34.00	54.00	79.00	95.00	262.00	由工程部承接，工期计划为 1 年
	合计	76.80	90.85	242.18	131.00		

7.9　现金预算表

现金预算是将前面述及的各项预算中的数据综合在一起，以反映计划现金收支及筹措、运用情况。现金预算包括四个部分：现金收入、现金支出、现金多余或不足以及资金融通。

现金收入包括计划期的期初现金余额及计划期内的预计现金收入，计划期内预计现金收入数据主要来源于销售预算。

现金支出指在计划期内付出的全部现金，包括用现金支付的材料采购费用、直接人工费用、制造费用、销售费用、管理费用、固定资产购置费用以及所得税支出和股利的发放等。其部分数据来源于前面的各项预算。

现金预算是企业预算的一个重要部分。为了对现金收支进行有效的控制，企业应尽可能缩短现金预算的编制期间。大多数企业按月或按季编制现金预算，有些则按周甚至按天编制。

［例 7-9］ZH 公司 201× 年度的综合现金预算如表 7-12 所示。

表 7-12　ZH 公司 201× 年度综合现金预算表

水泥企业指标名称	计量单位	指标值
设计年产能	万吨	60
产能利用率	%	0.61
产量	万吨	36.82
销量	万吨	36.30
价格	元 / 吨	
主营收入①	万元	7 867.67
主营成本②	万元	6 055.59
吨成本	元 / 吨	172.97
综合毛利率③＝（①－②）÷①		0.23
销售费用④	万元	305.98
管理费用⑤	万元	776.57
财务费用⑥	万元	27.56
税金等其他项目支出⑦	万元	51.18
利润总额⑧＝①－②－④－⑤－⑥－⑦	万元	650.79
所得税⑨＝⑧×25%	万元	162.70
净利润⑩＝⑧－⑨	万元	488.09
现金收入⑪		12 944.31
现金支出⑫		9 132.00
现金多余		3 812.31

注：⑥、⑦、⑪、⑫项为直接给出数据。其中，⑪项一般来源于销售收入及筹资预算，⑫项一般来源于各种成本、费用、税费支出以及资本支出。

7.10　预计利润表

预计利润表是整个预算体系的重要组成部分，我们从中可以了解企业的预计利润水平，并将其当作衡量企业实际表现的参照标准。预计利润表的格式与实际的利润表相同，只是数据来源于上述各项具体预算而不是实际。

[例 7-10] ZH 公司 201× 年度的预计利润表如表 7-13 所示。

表 7-13　预计利润表

编制单位：ZH公司　　　　　　　　201× 年度　　　　　　　　单位：万元

项目	上年数	本年预算数	增减率
一、营业收入	7 542.28	7 867.67	4.31%
减：营业成本	5 974.17	6 055.59	1.36%
税金及附加	36.68	38.58	5.18%
销售费用	296.68	305.98	3.13%
管理费用	743.02	776.57	4.52%
研发费用			
财务费用	27.29	27.56	0.99%
其中：利息费用	27.29	27.56	0.99%
利息收入			
资产减值损失	13.00	11	−15.38%
加：其他收益			
投资收益（损失以"−"号填列）			
其中：对联营企业和合营企业的投资收益			
公允价值变动收益（损失以"−"号填列）			
资产处置收益（损失以"−"号填列）			
二、营业利润（亏损以"−"号填列）	451.44	652.39	44.51%
加：营业外收入	81.13	−	
减：营业外支出	18.15	1.6	−91.18%
三、利润总额（亏损总额以"−"号填列）	514.42	650.79	26.51%
减：所得税费用	128.61	162.7	26.51%
四、净利润（净亏损以"−"号填列）	385.81	488.09	26.51%
（一）持续经营净利润（净亏损以"−"号填列）			

（续表）

项目	上年数	本年预算数	增减率
（二）终止经营净利润（净亏损以"-"号填列）			
五、其他综合收益的税后净额			
（一）不能重分类进损益的其他综合收益			
1.重新计量设定受益计划变动额			
2.权益法下不能转损益的其他综合收益			
……			
（二）将重分类进损益的其他综合收益			
1.权益法下可转损益的其他综合收益			
2.可供出售金融资产公允价值变动损益			
3.持有至到期投资重分类为可供出售金融资产损益			
4.现金流量套期损益的有效部分			
5.外币财务报表折算差额			
……			
六、综合收益总额			
七、每股收益			
（一）基本每股收益			
（二）稀释每股收益			

7.11　预计资产负债表

预计资产负债表的内容、格式与实际的资产负债表相同，但反映的是预计计划期末的财务状况。预计资产负债表是根据计划期的销售预算、生产预算等具体预算，对期初资产负债表进行适当调整而编制的。

［例7-11］ZH公司根据上年数以及前述项目预算结果编制201×年度预计资产负债表，编制结果如表7-14所示。

编制单位：ZH 公司

表 7-14　ZH 公司 201×年度预计资产负债表

单位：万元

资产	上年数①	本年预算数②	增减率 ③＝（②－①）÷①	负债和所有者权益（或股东权益）	上年数	本年预算数	增减率
流动资产：				**流动负债：**			
货币资金	1 673.14	3 812.31①	127.85%	短期借款			
以公允价值计量且其变动计入当期损益的金融资产				以公允价值计量且其变动计入当期损益的金融负债			
衍生金融资产				衍生金融负债			
应收票据及应收账款	3 069.00	2 608.65	−15.00%	应付票据及应付账款	7 115.63	8 176.71	14.91%
预付账款				预收款项	195.82	84.14	−57.03%
其他应收款	1 472.23	1 325.01	−10.00%	应付职工薪酬	267.91	287.91	7.47%
存货	2 936.91	2 643.22	−10.00%	应交税费	565.78	332.17	−41.29%
持有待售资产				其他应付款	8 571.59	9 096.57	6.12%
一年内到期的非流动资产				持有待售负债			
其他流动资产				一年内到期的非流动负债			
				其他流动负债	11.20		
流动资产合计	9 151.28	10 389.19	13.53%	**流动负债合计**	16 727.93	17 977.50	7.47%
非流动资产：				**非流动负债：**			
可供出售金融资产							

（续表）

资产	上年数①	本年预算数②	增减率③=（②-①）÷①	负债和所有者权益（或股东权益）	上年数	本年预算数	增减率
持有至到期投资				长期借款			
长期应收款				应付债券			
长期股权投资				其中：优先股			
投资性房地产				永续债			
固定资产	4 158.38	4 784.52	15.06%	长期应付款			
在建工程	115.43		−100.00%	预计负债			
生产性生物资产				递延收益			
油气资产				递延所得税负债			
无形资产	1 162.64	1 028.32②	−11.55%	其他非流动负债			
开发支出				非流动负债合计			
商誉	138.78	138.78		负债合计	16 727.93	17 977.50	7.47%
长期待摊费用				所有者权益（或股东权益）：			
递延所得税资产	373.64	452.76	21.18%	实收资本（或股本）	3 000.00	3 000.00	
其他非流动资产				其他收益工具			

（续表）

资产	上年数①	本年预算数②	增减率 ③＝（②－①）÷①	负债和所有者权益（或股东权益）	上年数	本年预算数	增减率
非流动资产合计	5 948.87	6 404.38	7.66%	其中：优先股			
				永续债			
				资本公积			
				减：库存股			
				其他综合收益			
				盈余公积			
				未分配利润	−4 627.78	−4 183.93	−9.59%
				所有者权益（或股东权益）合计	−1 627.78	−1 183.93	−27.27%
资产总计	15 100.15	16 793.57	11.21%	负债和所有者权益（或股东权益）合计	15 100.15	16 793.57	11.21%

注：货币资金本年预算数＝现金多余数（见表 7-12）＝3 812.31（万元）

无形资产本年预算数＝上年数－摊销数（见表 7-10）＝1 162.64-134.32＝1 028.32（万元）

未分配利润本年预算数＝上年数＋净利润（见表 7-13）＝−4 627.78+443.85＝−4 183.93（万元）

其他本年预算数均为在上年数据基础上调整或估计得出。

第 8 章

全面预算执行中的控制与调整

——需要修正的预算

```
                                      ┌─────────────────────────────┐
                              ┌──────▶│ 8.1.1 全面预算执行的准备      │
                              │        └─────────────────────────────┘
                              │        ┌─────────────────────────────┐
                              ├──────▶│ 8.1.2 全面预算执行的组织设置   │
                              │        └─────────────────────────────┘
                              │        ┌─────────────────────────────┐
                    ┌────────────┐   ├──────▶│ 8.1.3 全面预算执行的保障体系   │
                    │8.1全面预算的执行│───┤        └─────────────────────────────┘
                    └────────────┘   ├──────▶ 8.1.4 全面预算执行的事中监督
                                      ├──────▶ 8.1.5 全面预算执行报告的形式与要求
                                      └──────▶ 8.1.6 全面预算仲裁制度
```

8.1 全面预算的执行
- 8.1.1 全面预算执行的准备
- 8.1.2 全面预算执行的组织设置
- 8.1.3 全面预算执行的保障体系
- 8.1.4 全面预算执行的事中监督
- 8.1.5 全面预算执行报告的形式与要求
- 8.1.6 全面预算仲裁制度

全面预算执行中的控制与调整

8.2 全面预算的控制
- 8.2.1 全面预算控制的目的和基本要素
- 8.2.2 全面预算监控的范围和主体
- 8.2.3 全面预算监控的程序和原则
- 8.2.4 全面预算监控的模式
- 8.2.5 经营预算控制
- 8.2.6 资本预算控制
- 8.2.7 现金预算控制
- 8.2.8 全面预算环节的监控

8.3 全面预算的调整
- 8.3.1 全面预算调整的原则
- 8.3.2 全面预算调整的程序
- 8.3.3 全面预算调整的形式
- 8.3.4 财务预警系统

8.1　全面预算的执行

8.1.1　全面预算执行的准备

企业在编制完全面预算进入执行环节前，还需要做好准备工作，按步骤实施，保证预算的有序执行以及预算体系运转良好。

1．预算的审查通过

预算要经过专门的全面预算管理委员会或由董事会授权的机构审查通过后方可执行。

全面预算管理委员会作为企业预算体系的最高管理机构，需承担审阅财务预算、主要业务预算合理性和整体利益协调性的责任。全面预算管理委员会应在考虑企业整体战略规划和愿景目标的基础上，对年度主要预算进行认真讨论与分析，肯定企业主要预算中数据的合理性，并批准执行。如果预算不合理或与企业的整体利益有相悖的地方，全面预算管理委员会应要求相关的业务或职能部门进行修改，否则不予批准执行。

2．预算的分解下达

（1）分解

年度预算经过全面预算管理委员会批准后，需按具体的时间段进一步分解。企业可以在日常的生产经营中随时将实际情况与预算做对比，寻找差异，解决问题。各预算执行单位要将预算指标层层分解，从横向和纵向落实到内部各部门、各单位、各环节和各岗位，形成全方位的预算执行责任体系，保证预算目标的实现。

（2）下达

在将预算分解之后，企业要针对不同部门下达各自的预算。通常，企业完整的总预算仅限于分发给企业高级管理人员以及经高级管理人员授权的其他人员。分送给部门主管及中层管理人员的预算则不需要是完整的总预算，但要保证跟他们的权利和职责有关的预算和该部分的分解预算都能传送到位。

需要特别注意的是，预算的分发下达具有保密性。一般来说，企业可以将各预算连续编号，并保留分送对象的编号记录，在年度终了时收回并集中销毁。

（3）预算的讲解

企业员工必须充分了解预算编制的依据和原理，明确自己在预算执行中的任务，这样才能保证预算执行到位。

原则上，预算编制应全员参与，但在实际操作中，预算的关键性步骤都是由管理人员和专业人员完成的，企业中的一般员工对预算的理解并不一定完全正确，甚至还可能出现抵触情绪。因此，企业对预算进行说明讲解是非常必要的。预算分发下达后，应以部门、各团队为单位，举行一连串的预算说明会议，专门讲解企业总体预算计划以及本部门、本团队的任务，使每个员工都能找到自己的位置。

8.1.2 全面预算执行的组织设置

从经济学角度看，作为经济人，人具有利己主义特性，这可能会导致市场中出现道德风险和逆向选择等现象。克服这两种风险的方式之一就是要有一个好的制度安排。事实上，只要有人群活动的地方，为了完成某项工作，就必须建立责任机制，即明确有关人员的责任，同时给予其相应的权利，并对责任的履行情况进行考核与奖惩。

企业是一个经济组织，追求利润是其根本目标之一（关于企业的目标，理论界有多种观点，尽管理论界对利润最大化作为企业目标提出批评，但无论如何，利润最大化是企业目标的重要反映）。企业要想实现利润最大化，需要各部门、各单位的共同努力。

企业活动是一种有组织的活动，是一个较为复杂的运行系统。要想保证企业活动的有序进行，必须建立责任系统，即划分责任单位，建立责任中心，明确各责任中心的职责与权利，并对各责任中心进行考核。划分责任中心有利于提高经营者的积极性和主动性，也有利于提高目标管理、预算管理等制度的实施效率，从而有利于企业目标的实现。

责任中心是指承担一定经济责任，并拥有相应管理权限和享受相应利益的企业内部责任单位的统称。它是企业内部成本、利润、投资、收入和费用的发生单位，这些内部单位被要求完成特定的职责，其责任人则被赋予一定的权力，以便对该责任区域进行有效的控制。责任中心具有层次性，一个大的责任中心由若干个小的责任中心构成。所谓责任中心，可能是某个人，也可能是一个班组、一个车间、一个部门，或是分公司、事业部，甚至是整个企业。

华为的责任中心

一家公司就像一座大厦，每个组织就是大厦下面承重的一块地基，如何分配每块地基承受的重量，保持整个大厦的稳固，这就是建立责任中心的作用。

建立责任中心是华为顺利发展的重要一环。建立责任中心（以及全面预算管理）的目的是在权力下放的过程中起到一个约束和管控的作用，让公司收回经营权，让"作战部门"做到"从心所欲不逾矩"。

1. 华为责任中心的建立

建立责任中心是近年来华为整个管理思想演变的一个结果。

华为以前是集权管理，没有分权，等到公司越来越大的时候，管理层发现：公司决策流程特别长，项目的反应速度特别慢的情况不断出现。公司最终决定把权力通过授权、行权和管控的方式授给"作战部队"。从本质上说，就是下放经营权、加强监控权。

（1）下放经营权

任正非曾表示，只有将经营权下放到"作战部队"，让听得见炮声的人决定怎么打仗，才能支撑华为如此庞大的一个组织。在拥有十几万名员工的华为，要想灵活地抓住市场机会，快速决策，机动作战，就需要一个具有很强组织能力的组织结构。

（2）加强监控权

很多企业都认识到了集权管理的弊端，同时也认识到了放权的好处和必要性。它们下放了经营权，但监控却没有跟上，导致问题频出。例如，低价的合同一线就可以签；为了完成自己的目标，把公司所有的"炮火"都呼唤到自己的区域；客户要求年采购1万台设备，年初就让公司备货1万台，结果半年不发货……

任正非的高明之处在于：在放权之前就加强了监控，在营销体系流程变革之前先对IFS（集成财务服务，财经体系）做出变革，核心就是责任中心建立和计划预算预测，通过这两部分构建并约束了监控机制。

华为很好地实现了监控不是为了监控，而是为服务作战，让"作战部队"在不逾矩的情况下从心所欲地作战。

2.华为责任中心的组织结构

华为采用矩阵式的组织结构，包括战略、研发、业务单元及区域单元，还有一些交互支撑平台，如供应链、交付、财经、人力资源、流程IT，以此支撑公司经营管理运作。

华为根据不同部门的职责和应承担的经营责任，按照投资中心、利润中心、成本中心和费用中心的结构对责任中心进行定位。

3.华为的经营指标设计

根据责任中心定位，华为设计了每个部门应承担的经营指标。经营目标的分解既避免了内部转移定价时可能出现的争议，减少公司内部资源浪费，又通过整个经营指标在组织内部的分解使每个部门力往一处使，围绕公司整体经营目标而努力。

2011年，华为在IBM公司的指导下对责任中心进行设计，通过匹配公司的管理体系、组织架构和责任现状，明确了每个预算单元的责任中心类型和关键的财务指标，同时构建了责任中心的建设流程，并将其引入人力资源、组织设立和预算流程。

在具体执行中，华为也不断体现出自身特色，华为高层曾说："每年的业务计划制订出来后，我们会先对每个组织的KPI指标结构进行定义，具体的数值不谈，先把规矩定好；等到规矩定完了，大家都通过了，我们再去定具体的目标。"

责任中心根据不同的控制范围和责任对象的特点，可分为利润中心、收入中心、费用中心、成本中心和投资中心五类。

1. 利润中心

利润中心是责任人对其责任区域内的成本和收入均要负责的责任中心。利润中心的责任人既能控制其成本，又能控制其收入，但不能控制投资活动。利润中心处于企业中的较高层次，同时具有生产和销售职能，有独立的、经常性的收入来源，不仅可以决定生产什么产品、生产多少、生产资源在不同产品之间如何分配，还可以决定产品的销售价格、制定销售政策。因此，与成本中心相比，利润中心具有更大的自主经营权。

（1）利润中心的类型

利润中心可以是自然形成的，也可以是人为设定的。

①自然利润中心。自然利润中心一般直接向企业外部市场销售产品、提供劳务，以获取利润。例如，同时兼负生产和对外销售任务的分厂可以作为一个自然利润中心；某公司采用事业部制，每个事业部均有销售、生产和采购的职能，具有很大的独立性，那么这些事业部就是自然利润中心。

②人为利润中心。人为利润中心是通过将产品或劳务，按照确定的内部转移价格"销售"给本企业生产部门或销售部门，以获取收入而形成的。从这个意义上说，任何一个成本中心均可通过对其产品确定一个内部价格而成为人为利润中心。例如，某车间生产出的半成品以厂内价格转移到后序车间继续加工，该车间即可被视为人为利润中心；企业的供水、供电部门按厂内价格向其他部门供水、供电，亦可作为人为利润中心。

何为内部转移价格

内部转移价格是指企业内部各责任中心之间因转移中间产品或相互提供劳务而发生内部结算，以及进行内部责任结转所使用的计价标准。

在责任会计体系中，企业内部的每一个责任中心都是作为相对独立的商品生产经营者存在的，为了分清经济责任，各责任中心之间的经济往来应当按照等价交换的原则实行"商品交换"。

1. 内部转移价格的应用

内部转移价格主要应用于内部交易结算和内部责任结转。

（1）内部交易结算：指在发生内部交易业务的前提下，由接受产品或劳务服务的责任中心向提供产品或劳务服务的责任中心支付报酬而引起的一种结算行为。

（2）内部责任结转：指在生产经营过程中，对于因不同原因造成的各种经济损失，由承担损失的责任中心对实际发生或发现损失的责任中心进行损失赔偿的账务处理过程。

2. 内部转移价格的方法

（1）成本法，主要分为以下几类。

实际全部成本法：指将转出部门的制造成本与部分营销费用作为转移价格的基础，转至其他部门。

标准成本法：以标准成本为价格基础。

变动成本法：以变动成本为价格基础。

成本加成法：成本加成是指将实际成本加上一个成数，例如，成本是 100 元，加上 10% 的成数，即为 110 元。成本加成法的关键在于成数的设定。

（2）市价法。从理论上讲，采用市价是较公平的一种办法，在实际操作时应遵循以下准则：

①当转出部门以市价或低于市价提供产品或劳务时，转入部门有购买的义务；

②当转拨价格高于市价时，转入部门有自市场购入的权利；

③转出部门有权只将产品或劳务销售给外部顾客。

（3）协议价格法。这需要双方协商一致，达成协议。但有时难免会产生冲突，如果双方僵持不下，那么最终要请公司总经理进行仲裁。

（2）建立利润中心的条件

并不是所有的企业都能够建立利润中心，也不是所有的利润中心都能够为企业带来效益。企业要建立利润中心，必须具备一些条件，主要有图 8-1 所示的五大类。

图 8-1　建立利润中心的五大条件

利润中心一般也应具有相对独立的经营管理权，即能够自主决定本利润中心的产品品种、产品产量、作业方法、人员调配和资金使用等。但利润中心提供的产品或劳务主要在企业内部转移，很少对外销售。

利润中心就其利润向上级负责，实际上也是对其成本和收入负责。成本包括利润中心本身的可控成本及其下属成本中心的责任成本。

（3）利润中心常用的考核指标

利润中心常用的考核指标主要有：

①边际贡献（销售收入－变动成本）；

②部门利润。

上述考核指标具有以下几种表现形式：部门边际贡献、部门经理边际贡献、部门贡献以及公司税前利润。

2. 收入中心

收入中心是指负有销售收入和销售费用责任的销售部门／销售公司／销售单位，以及相应的管理责任人。收入中心是对收入负责的责任中心，其特点是只对收入承担经济责任，不对成本负责，因此对收入中心只考核其收入实现情况。此类责任中心一般是创造收入的部门。

收入中心的管理责任人对本单位的整体产品销售活动负责。管理责任人具有决策权，其决策能够影响决定本单位销售收入和销售费用的主要因素，包括销售量、销售折扣、销售回款、销售人员佣金等。管理责任人以销售收入和销售费用为决策准则。

确定收入中心的目的是为了组织营销活动。典型的收入中心通常是从生产部门取得产成品，并负责销售和分配的部门，如企业所属的销售分公司或销售部。若收入中心有制定价格的权力，则该中心的管理者就要对获取的毛收益负责；若收入中心无制定价格的权力，则该中心的管理者只需对实际销售量和销售结构负责。收入中心不仅追求销售收入最大化，更重要的是追求边际贡献最大化，因而在考核收入中心业绩的指标中，应包括某种产品边际成本等概念。随着分配、营销和销售活动中作业成本法的逐渐采用，销售部门应把销售成本和对每个消费者提供服务的成本考虑进去，这样企业就能用作业成本制度把履行营销活动和销售活动的收入中心变成利润中心，从而对销售部门的利润贡献加以评估。

收入中心的基本控制目标与控制方法

一般情况下，企业通常把特定财务期间内的销售收入、销售回款和销售费用作为收入中心的基本控制目标。基本控制方法主要包括以下几种。

1. 控制企业销售目标的实现

（1）核查各收入中心的分目标与企业整体的销售目标是否一致。

（2）检查各收入中心是否了解并掌握了市场行情，是否为实现销售分目标制定了切实可行的推销措施，包括推销策略、推销手段、推销方法、推销技术以及推销力量等。

2. 控制销售收入的资金回收

销售过程是企业的成品资金向货币资金转化的过程，对货款回收的控制要求主要有：

各收入中心对货款的回收必须建有完善的控制制度，包括对销售人员制定明确的收款责任制度，对已过付款期限的客户制定催款制度；

> 货款回收要列入各收入中心的考核范围，将收入中心各销售人员的个人利益与货款的回收情况有效地结合起来进行考核；
>
> 收入中心与财务部门应建立有效的联系制度，以及时了解并掌握货款的回收情况。
>
> 3. 控制坏账的发生
>
> （1）每项销售业务都要签订销售合同，并在合同中对有关的付款条款做出明确的陈述。
>
> （2）在发生销售业务时，特别是与新客户初次发生重要交易时，必须对客户的信用情况、财务状况、付款能力和经营情况等进行详细的了解，以预测货款的安全性和及时回收的可能性。

3．费用中心

费用中心是指仅对费用发生额负责的责任中心。它是用货币量衡量投入或费用的责任中心，而产出却不用货币量衡量。费用中心主要以控制经营费用为主，涉及管理部、行政部等部门的顾问和人事费用预算支出，其目的是在支出预算内为相关部门提供最佳的服务。该中心最大的优点是既可以控制费用，又可以提供最佳的服务质量；其缺点是不易衡量绩效。

费用中心主要有两种类型：固定费用中心和随机费用中心。

（1）固定费用是指那些有必要理由的正常支出，如工厂中的直接费用、材料费用、设备及零配件支出等。

（2）随机费用也称管理费，其合理的限度是管理者在一定条件下做出的判断。

如果费用中心的费用绝大部分是固定费用，那么它是一个固定费用中心；如果绝大部分是管理费用，那么它是随机费用中心。

费用中心管理责任人对本单位涉的有关期间费用负责。费用中心管理责任人具有决策权，其决策能够影响本单位期间费用的主要因素，包括各项管理费用、财务费用的明细项。管理责任人以管理费用、财务费用为决策准则。

4. 成本中心

成本中心是指责任人只对其责任区域内发生的成本负责的责任中心。成本中心是成本发生的单位，一般没有收入或仅有无规律的少量收入，其责任人可以对成本的发生进行控制，但不能控制收入与投资。成本中心只需对成本负责，无需对利润情况和投资效果承担责任。对成本中心的考核主要针对其成本和费用。例如，一个只负责生产产品或生产其他车间所需要的半成品的生产车间可以作为成本中心，因为它不具备销售职能，其产品只是交付销售部门销售或提供给其他车间继续加工，一般不能形成货币收入，对该车间只能考核其成本的发生情况。

（1）成本中心与费用中心的比较

成本中心主要负责对具体的产品以及生产产品所需各种要素的投入量进行合理预计。例如，生产某种零件的班组、生产某种产品的车间等，都可以作为标准成本中心，因为其产出数量可以明确计量，对所生产的产品可以判定原材料、直接人工、间接制造费用等的相应标准。

费用中心是指那些工作成果不是明确的实物，无法有效计量或投入与产出之间没有密切联系的成本中心。一般来说，行政管理、科研开发、广告宣传等服务性部门应列为费用中心。费用中心的实际成本可以准确计算，但却难以根据其投入与产出的数量来判定其支出是否有效、工作成绩是优是劣，因此也就不容易对无效开支进行有效控制。

曾经有一种分类方法，即将成本中心分成标准成本中心和费用中心。现在，随着企业管理水平与要求的不断提高，以及管理的不断精细化，企业通常会将费用中心分立为一个独立的责任中心进行管理。

（2）成本中心的分类

成本中心可以划分为两类：基本成本中心与复合成本中心。基本成本中心是最基层的成本中心，它没有下属成本中心，不能够进一步分解。复合成本中心则下设若干个下属成本中心，并对其下属成本中心发生的成本负责。

例如，某公司的车间可以作为一个复合成本中心，下面的班组可以作为下一级复合成本中心，班组中的个人即为基本成本中心。示例如图 8-2 所示。

图 8-2　成本中心划分示例

（3）考核指标

对成本中心进行考核的主要指标是责任成本。

责任成本与传统的产品成本有所不同。产品成本以产品为成本计算对象，而责任成本则以责任中心为成本计算对象，凡应由某责任中心负责的成本，都应计为该责任中心的责任成本。

在计算责任成本时，应先区分可控成本与不可控成本。可控成本是指在特定时期内，特定责任中心的责任人可以直接控制其发生的那部分成本。成本可控与否要针对特定的时期和特定的责任人，离开这两个条件就会失去实际意义。例如，一项成本对于甲成本中心来说是不可控成本，但却可能是乙成本中心的可控成本。

成本中心只能对其可控成本产生影响，对不可控成本的发生却无能为力，因此在计算责任成本时只计算可控成本。基本成本中心的责任成本就是其可控成本之和，复合成本中心的责任成本则是其可控成本与其下属成本中心的责任成本之和。从企业整体来看，各个责任中心的可控成本之和即为整个企业的总成本。划分责任中心等于将企业的总成本进行分解，由各有关责任中心分别控制，各司其职，以保证整个企业的成本控制任务得到具体的落实。

各成本中心责任成本的认定必须采用合理的标准。有些成本虽然在某个成本中心发生，但却是由其他成本中心的活动造成的，因此应该将其列为引起该成本发生的成本中心的责任成本。例如，由于采购部门购入的原材料质量不合格，造成生产部门生产成本增加，这部分成本就应视为采购部门的责任成本；由于甲车间产品不合格而使乙车间出现废品，这种情况下造成的损失应作为甲车间的责任成本。

（4）成本分类

我们应注意区分可控成本与不可控成本、直接成本与间接成本、固定成本与变动成本，具体如表 8-1 所示。

表 8-1　成本分类

区分依据	分类	举例（以车间为中心）	备注
成本可控与否	可控成本	原材料 生产工人工资 水电费（本车间生产用）	可控与否是相对于不同中心而言的
	不可控成本	车间主任的工资 外购部件 水电费（外部分配来的）	
成本与产品的关系	直接成本	原材料 生产工人工资	是否直接与某种产品相关
	间接成本	机器折旧 水电费（本车间生产用）	
成本与数量的关系	固定成本	机器折旧（按使用年限）	是否与数量变动直接相关
	变动成本	原材料 生产工人工资	

一般情况下，成本中心的直接成本和变动成本大多是可控成本，间接成本和固定成本

大多是不可控成本，但这种联系并不是绝对的。例如，将某车间作为一个成本中心，车间主任的工资是该成本中心的直接成本，但却是不可控成本；所使用的外购部件是变动成本，但也是不可控成本；从供水与供电车间转来的水、电成本是间接成本，但由于成本中心可以控制自己的用水、用电数量，该项成本可根据耗用数量计算分配，因此这部分成本就应作为可控成本。

5. 投资中心

投资中心是责任人对其责任区域内的成本、收入及投资均要负责的责任中心。它比利润中心层次更高，投资中心拥有投资决策权（包括决定投资规模和投资类型等）和经营决策权（包括制定价格、确定产品和生产方法等短期经营决策权）。投资中心的责任人既能控制责任中心的成本和收入，也能控制所占用的资产。企业本身就可以作为一个投资中心，如大型集团所属的子公司、分公司、事业部等。

（1）考核指标

投资中心通常以其所使用的有形资产和财务资产的水平作为业绩计量标准，典型投资中心的业绩计量标准是投资报酬率和经济增加值。考核指标主要有：

投资报酬率（ROI）= 利润 ÷ 投资额 ×100%

剩余收益 = 利润 − 投资额 × 预期最低投资报酬率

现金回收率 = 经营活动净现金流量 ÷ 投资额 ×100%

经济增加值（EVA）= 税后营业净利润 − 资本总成本

（2）投资中心与利润中心的联系与区别

投资中心与利润中心联系紧密。投资中心必然是利润中心，但利润中心并不都是投资中心。利润中心没有投资决策权，需要在企业确定投资方向后组织具体的经营；而投资中心则具有投资决策权，能够相对独立地运用其所掌握的资金，有权购置和处理固定资产，扩大或削减生产能力。

各投资中心的资产与权益必须明确划分，共同发生的成本应该按照合理的标准在各中心之间分配，这样才能准确计算和正确估价各投资中心的效益，分清责任，充分发挥财务控制的作用。

利润中心是在分权思想下出现的。分权思想下的公司结构主要有事业部结构和控股公司结构，而投资中心的确定和利润中心的分权背景一样，在不同的公司结构下有不同的确定方式。根据事业部结构和控股公司结构的不同特点，投资中心的确定方式如图8-3所示。

事业部结构下的投资中心	事业部制具有典型的分权管理思想,各事业部实行相对独立的经营与核算。如果一个企业按照产品、地区或客户标准进行事业部划分,并且各个事业部都可以独立地对其成本、费用、收入、利润和投资效果负责,那么该事业部就是一个投资中心
控股公司结构下的投资中心	控股公司是一种比事业部制更为彻底的分权结构,主要表现在母子公司之间的关系上。由于子公司具有独立法人地位,其自主经营、独立核算、自负盈亏,完全符合投资中心的一般概念,因此控股公司结构下的投资中心主要指企业集团的子公司

图 8-3　投资中心的确定方式

什么是经济增加值

经济增加值也称经济利润、经济附加值,是一定时期内企业税后营业净利润与投入资本的资金成本的差额。其中,资本成本既包括债务资本的成本,也包括股本资本的成本。

经济增加值是一种企业绩效财务评价方法。从算术角度来说,经济增加值等于税后经营利润减去债务和股本成本,是所有成本被扣除后的剩余收入。经济增加值是对真正"经济"利润的评价,或者说,它是表示净营运利润与投资者用同样资本投资其他风险相近的有价证券的最低回报相比,超出或低于后者的量值。如果经济增加值为正,那么表明公司获得的收益高于为获得此项收益而投入的资本成本,即公司为股东创造了新价值;相反,如果经济增加值为负,那么表明股东的财富在减少。

经济增加值和会计利润有很大的不同。经济增加值是公司扣除了包括股权在内的所有资本成本之后的沉淀利润,而会计利润没有扣除资本成本。股权资本是有成本的,例如,持股人投资 A 公司的同时也就放弃了该资本投资其他公司的机会。投资者如果投资与 A 公司相同风险的其他公司,所应得到的回报就是 A 公司的股权资本成本。股权资本成本是机会成本,而非会计成本。

6 责任中心的比较

责任中心的比较如表 8-2 所示。

表 8-2　责任中心的比较

责任中心分类	管理范围	形式举例	考核指标
利润中心	收入、成本、费用	车间 供水、供电部门	边际贡献 部门利润
收入中心	收入	销售部	销售收入 销售费用
费用中心	费用	厂部 财务部	管理费用 财务费用
成本中心	成本（可控）	车间—仓库—工人 管理部门—管理人员	直接材料 工人工资
投资中心	收入、成本、费用、利润	子公司 事业部	投资报酬率、剩余收益、 现金回收率、经济增加值

8.1.3　全面预算执行的保障体系

在企业全面预算编制完成后，下一阶段的重点在于执行与运用，相关部门及责任人要保证全面预算中的各项计划及政策执行到位。全面预算的规划与编制，需要企业投入大量的人力与时间，但全面预算毕竟属于书面作业，若不能付诸实施，则属徒劳无功，必将前功尽弃。因此，全面预算在执行过程中必须有相应的预算保障体系，以使企业自上而下都能按照统一的行为规则开展财务预算活动。全面预算执行的保障体系至少应当包括恰当的企业愿景描述、良好的企业文化氛围和健全的全面预算管理制度体系等。

1. 恰当的企业愿景描述

企业必须有经营宗旨与使命的明确界定。也就是说，必须明确本企业目前的经营性质，以及未来的发展目标。企业必须对一切资源作长远考虑，如果缺少目标，各项资源将如一盘散沙，经营活动很可能陷入被动。因此只有明确界定了经营宗旨和使命，企业才能制定出明确的目标。经营宗旨和使命是企业确定策略、计划及工作配置的基础。企业愿景描述与分析通常借助 SWOT 分析法进行，如图 8-4 所示。

图 8-4　借助 SWOT 分析法描述企业愿景

2. 良好的企业文化氛围

企业文化是在企业生产、组织运行中，由于部门和员工之间的沟通协作，在潜移默化之间逐渐形成的一种普遍的行为规则和信条。良好的企业文化可以发挥巨大的感染力、凝聚力和向心力的作用，使全体员工都能围绕实现企业的目标而努力。良好的企业文化氛围的一大优势是可以调动全员参与，使全体员工都能主动参与预算的编制与控制，为更好地实施预算管理献计献策。此外，在某种程度上，良好的企业文化也可以减少因管理者和企业员工之间的矛盾所带来的负面影响，从而有利于企业做出改善管理的决策。

3. 健全的全面预算管理制度体系

全面预算管理制度体系是全面预算管理工作的"根本大法"，对全面预算的实行起着指导、约束和控制作用。

8.1.4　全面预算执行的事中监督

全面预算执行的事中监督是对全面预算管理执行过程的监督。如果只有预算的制定，缺乏预算的监督和控制，整个企业的运作就会跟预算脱轨，预算就失去了意义。预算监督是一种连续性、经常性的经济监督。企业的各项经营活动总是连续不断地发生，企业实施预算管理和实现企业目标的过程也是连续不断进行的。为了使企业所有经营活动都置于全面预算管理体系之中，就需要对企业的经济活动及其预算执行过程连续地进行预算监督。预算监督的连续性、经常性，一方面要求企业不断地、及时地提供全面预算执行情况的信息，另一方面要求全面预算监督的结果要及时反馈到企业各部门，作为其改进管理工作的依据。

全面预算既是企业的目标，也是一种行为准则。企业每一个部门的每一项活动，对企业目标的实现都具有积极或消极的影响。而预算是评价每个部门、每个管理者业绩的重要依据。因此，在日常的经营活动中，企业的全面预算管理机构（全面预算管理委员会、财务部等）都会将经营活动同企业的预算目标相联系，并且随时根据预算目标对预算的执行情况进行监督，并就全面预算执行报告中的重大事项或有关特定问题组织调查，定期向企业总经理、董事会提交执行情况报告。企业全面预算管理系统在建立与运行过程中，需要预算组织的有效监督与评价，以有效地发挥其职能作用。

预算执行的事中监督主要包括以下几个方面的内容。

1. 监督预算的贯彻执行情况

（1）预算是否落实

预算方案经全面预算管理委员会审批下达后，要采取必要的手段加以贯彻落实。这时预算监督的重点是：各部门是否采取了相应的落实措施，责任预算与总预算是否协调，是否有擅自改变预算的行为。如果发现预算落实不到位，应及时纠正。

（2）预算执行是否全面

按照预算目标全面考核、检查责任单位的各项经济活动，判断是否全面完成预算任务，如发现预算执行不够全面，应及时督促有关责任单位加以纠正。

（3）执行是否均衡

企业各部门应合理控制采购、生产和销售的进度，均衡地完成预算各项要求。预算监督的重点是，按月考核各部门完成预算的均衡率，分析预算执行实绩与平均完成程度的偏离系数，判断各部门执行预算的均衡情况。若发现均衡率很差，则应提醒相关方加以改正。

2. 监督预算执行中出现的问题和解决问题的途径

企业在执行预算过程中，由于主观和客观的原因，经常会出现一些矛盾和背离预算的现象。对此，企业应及时发现问题并解决问题。预算监督要先检查产生矛盾和问题的原因，分析是因企业或部门违反预算要求、各部门间相互不协调，或管理不善、决策失误等主观原因造成的，还是因协作企业不履行合同、国家政策调整、市场环境发生变化、自然灾害等客观原因造成的。对于前一种情况，企业应追究责任，限期改正；对于后一种情况，企业应督促相关部门采取应对措施。问题解决后，预算监督应重点检查解决问题的途径是否合理，一旦发现有不正当的行为（如擅自改变预算标准，以牺牲整体利益或长远利益来实现部门预算目标），要责令并监督相关部门及时改正。

3. 监督预算的调整

预算在必要时可以调整，但不能随意进行。预算监督要检查调整预算的理由是否充分，有无隐瞒、虚报、造假的行为；检查调整预算的幅度是否恰当，有无故意夸大困难、缩小潜力、抬高限额预算指标的行为；检查调整预算的时间是否适宜，有无故意造成未完成预算指标的事实，从而迫使企业主管部门允许在年底修改预算的行为。

4. 监督预算的完成情况

预算期结束时，监督部门要对预算完成结果进行全面考察和综合评价，全面检查预算指标的完成情况。对完成或超额完成预算的部门和个人，要予以奖励；对没有完成预算的部门或个人，则追究责任，提出批评或予以惩罚。

在企业实施全面预算管理过程中，预算的事中监督对预算管理起着非常重要的作用，有利于保证预算方案的全面实施；有利于减少信息不对称现象，增加管理的透明度；有助于遏制滥用职权等管理腐败现象的发生，保证相关利益者的利益。需要注意的是，企业预算的事中监督应突破单一的企业财务监督，与建立贯穿企业各责任主体的激励和约束机制相配合，以科学的经济核算为手段，以加强企业全面预算管理系统的建立为基点，进行全面的经济监督。

企业应当建立全面预算执行报告制度，要求各预算执行单位定期报告预算的执行情况。对于预算执行中发生的新情况、新问题，以及出现偏差较大的重大项目，企业预算管理部门和全面预算管理委员会应当责成有关预算执行单位查找原因，提出改进经营管理的措施和建议。企业预算管理部门应当利用财务报表等手段监控预算的执行情况，及时向预算执行单位、企业预算管理委员会提供预算的执行进度、执行差异及其对企业预算目标的影响等信息，促进企业完成预算目标。

8.1.5　全面预算执行报告的形式与要求

1. 全面预算执行报告的基本形式

全面预算执行报告是对各责任中心执行预算情况的系统概括和总结。全面预算执行报告可采用定期书面报告、临时书面报告、例会和临时碰头会等形式。

临时书面报告和临时碰头会主要在发生突发性、非常性事件时采用，通常是一经发生，随时报告，及时解决。例如，因发生超出预算标准控制以外的事项而引发超预算的使用情况等。其指导思想是抓住要害、关注重点。

例会则应根据企业的具体情况做出制度安排。为了保证预算目标的顺利实现，各级预算责任单位应定期召开预算例会，目的是对照全面预算执行报告，及时总结预算执行情况，计算、分析预算差异及其原因，提出改进措施。例会的制度安排应根据预算反馈制度的频率而定，主要分为每周例会、每月例会、每季例会。根据需要，企业的预算例会制度还可增加每日例会、每旬例会、半月例会等。每日例会可设置为相关部门及成员的碰头会；每旬例会及半月例会可设置为各级各自召开的生产经营分析会。例会的主要内容应向下传达至最基层，向上进行汇总分析，提交预算专职部门或预算管理委员会。

全面预算执行报告的基本形式

一、企业经营预算执行环境分析

详细分析企业所处的内外部经营环境，行业动态变化情况，重点说明预算前提条件的变化和发展趋势。

二、主要经济指标的执行情况分析

（一）主要行业业务量指标预算执行分析

这部分分析内容包括预算完成情况，同比环比趋势情况以及预算执行与时间进度差异分析。

（二）效益指标预算执行分析

1.营业收入、营业成本预算执行情况分析，以及其与时间进度差异原因说明。

2.成本费用指标预算控制情况。

（1）销售费用预算执行情况分析，以及与时间进度差异原因说明。

（2）管理费用预算执行情况分析，以及与时间进度差异原因说明。重点说明非薪酬付现管理费用预算执行情况，以及重点费用预算控制情况。

（3）财务费用预算执行情况分析，以及与时间进度差异原因说明，重点说明利率变化及融资借款额变动影响。

3.利润总额预算执行情况分析，以及与时间进度差异原因说明。

三、投资、融资预算完成情况分析

（一）年度投资、融资预算执行总体情况。

（二）重大投资项目预算执行情况，说明预算执行差异原因。

（三）重大融资项目情况说明。

四、薪酬预算执行情况分析及差异说明

对薪酬、工资及人员预算执行情况及差异进行分析说明。

五、预算执行存在的问题及全年预测

重点说明全年预测与年度预算差异原因及保障措施。

2. 全面预算执行报告的基本要求

由于各责任中心是按层级设置的，因此预算反馈报告也应自下而上，从最基层的成本中心逐级向上报送，直至最高预算管理机构。每一层级的反馈报告除最基层只有本身的可控成本费用外，其他层级都应包括本身的可控成本和下属责任中心转来的责任成本，这样就形成了一条连锁责任链。

需要指出的是，预算反馈报告的内容与格式应与预算编制表格相对应，反馈的频率视具体情况而定。目前，普遍实行的具有代表性的是月报、季报和年报。月报的反馈重点是各相关责任项目的预算执行过程，因此应着重列示其各时期的累计发生额占预算额的百分比，以便动态掌握预算的执行情况，更好地服务于预算控制职能。在季报或年报中，应重点反映各时期的预算执行结果，以便考评预算责任单位的业绩。

8.1.6　全面预算仲裁制度

在实施预算管理的过程中，各预算执行主体之间难免会产生一些权、责、利方面的纠纷，因而要求企业组织一定的机构和人员，对这些纠纷进行裁决，这就是所谓的内部仲裁。内部仲裁制度是实现预算控制职能的必要保障，它主要包括内部仲裁机构的设置和内部仲裁原则两方面内容。

内部仲裁机构是负责调解和裁决各预算执行主体之间经济纠纷的权力机构，它必须具有权威性。内部仲裁机构由企业全面预算管理委员会负责，其人员通常由单位高层决策人员组成。

内部仲裁程序分调解和裁决两个阶段。当责任中心之间发生纠纷时，先由内部仲裁机构进行调解，调解成功则由纠纷双方根据协议自行解决；若调解无效，则进行裁决，并强制执行。

由于内部仲裁具有严肃性和权威性，为了分清经济责任，维护单位的整体利益，内部仲裁必须坚持下列原则。

（1）公正原则。各预算执行主体均是单位内部的责任实体，只有依靠它们的共向努力，才能实现单位的经营目标。所以，内部仲裁必须一视同仁、不偏不倚，不能因为某部门重要或其效益较好而偏向它。

（2）整体利益高于局部利益原则。局部利益与整体利益在大多数情况下是一致的，但有时两者也存在冲突。无论何时，局部利益均应以整体利益为重，决不允许为了局部利益而牺牲整体利益的事情发生。

（3）群策群力原则。内部纠纷源于内部，依靠群众的智慧和力量，深入实际调查研究，有利于纠纷的顺利解决。

8.2　全面预算的控制

8.2.1　全面预算控制的目的和基本要素

1. 控制的主要目的

预算作业程序包括预算规划、预算编制、预算执行和预算控制，其中预算控制的主要目的在于：

（1）确认作业最终的结果与既定的预算目标相符合（事后控制）；

（2）随时提供信息，便于及时修正错误（事中控制）。

控制行为必须详加规划，否则容易缺乏方向，最终徒劳无功。

一般可将预算控制分为两类，即管理控制与作业控制。管理控制是指管理者确保资源的取得及有效运用，以达成企业目标的过程，也就是研究工作执行、控制计划，以期相互沟通、协调，共同达成企业目标；而作业控制是有效地完成既定任务的过程。作业控制与管理控制的主要区别在于前者不需要太多的管理判断，只要按照既定规则进行即可，而后者则需要进行管理判断。

2. 控制的基本要素

（1）订立的标准或比较基础。

（2）实际与标准或比较基础的比较，即衡量绩效。

（3）采取纠正行动，即进行差异分析。

这三项基本要素看似简单，但在实际运用中问题却很多。例如，何时衡量绩效，绩效评估的指标为何，由谁来负责绩效评估，评估结果向谁汇报，如何使评估工作快速、正确、合理……最重要的是，标准如何制定，标准是否合理。这些都是控制程序必须解决的问题。

8.2.2　全面预算监控的范围和主体

如果只有预算编制而没有预算的监控，那么只是一个管理的开环，无法保证企业管理目标的实现。在全面预算执行的过程中，由于种种原因，实际执行情况难免与事先的预算发生偏离。为了纠正这种偏离，保证企业按照既定的预算目标运行，对预算执行的过程进行日常监督与控制便是必不可少的；否则预算就会流于形式，失去控制力。

1. 全面预算监控的范围

全面预算监控的范围十分广泛，主要可以从以下几个层面来实施：

第一，从预算的内容来看，全面预算监控范围应当包括投资活动预算的监控、融资活动预算的监控、营业活动预算的监控、现金流量预算的监控、财务状况预算的监控和经营成果预算的监控；

第二，从预算的管理环节来看，全面预算监控范围应包括所有管理环节的监控，从预算的编制、执行、调整到预算的考评和奖惩，各个环节都需要实施监控；

第三，从预算实施的部门来看，全面预算监控范围应包括企业的各责任中心和各职能部门。

2. 全面预算监控的主体

全面预算监控的主体是全面预算监控的组织者和实施者，是实施预算监控职能的机构。由于预算监控的范围涉及企业各个环节、各个部门及每一位成员，所以预算监控应该是全面的、系统的。有效的监控应借助各部门、各成员的共同努力，应是预算执行者的自我监控和相互监控的结合。

在实施全面预算的企业里，期望通过设置一个机构来完成全部预算监控工作是不切实际的。预算的监控主体不应是单一的，而应建立多层次的预算监控主体，最高层次的预算监控主体当然是全面预算管理委员会。对于企业预算的执行情况，全面预算管理委员会作为最高的监控主体，应行使其监控职责。第二层次的监控主体是企业的各级部门，这是按照逐级负责制原则，由上级对下级的预算执行情况进行逐级监控。这样一来，企业的预算目标就可以逐级往下渗透到生产经营的每一个过程、每一个环节、每一个岗位，确保预算目标的实现。在整个监控体系中，处于中间层面的各部门既是上级监控主体的监控对象，又是下级部门的监控主体。

全面预算监控主体的职责主要有以下几点：

第一，检查各责任单位预算执行情况，对不符合预算要求的费用，一律不得随意开支；

第二，对责任单位因环境变化或其他原因导致的预算调整方案进行审核，并报上级监控主体或企业预算管理委员会批准；

第三，收集有关已执行预算的责任单位的运行情况，为下一个预算期间提供制定依据。

8.2.3　全面预算监控的程序和原则

1. 全面预算监控的程序

在企业预算管理实践中，内外部因素变化会使各项预算在执行过程中不可避免地受到影响。为了解和检查预算期间正在发生的各项经营收入和费用支出的情况，以及严格关注那些可能会发生的意外情况，企业必须以预算目标为标准进行严格的监控，并建立一套能够严格监控预算执行的程序，保证将支出类的项目严格控制在预算之内，完成收入类项目预算，使现金流动满足企业日常和长期发展的需要。

一个完整的预算监控程序，应当是从预算目标确定开始的，包括确定预算目标并编制预算，责任落实，业绩报告与差异分析，业绩考评与奖惩措施等，这是一个系统化的过程。

（1）确定预算目标并编制预算

明确预算目标是建立全面预算控制系统的基本原则之一，设置预算目标应该注重企业的长期价值和竞争优势。确定预算目标是预算编制的基本依据，也是预算控制的起点。企业总的全面预算目标居于最高的统驭地位，它指明了预算期间企业发展的目标与大方向，以及必须达到的竞争水平等。如果预算目标不明确，将会在很大程度上影响预算编制的合理性、执行的可控性和考评的准确性。明确预算目标后，责任中心应采用合理的编制程序和方法编制各项具体的预算。

（2）责任落实

预算分解的过程也就是落实责任的过程，即将企业的总预算目标按照预算责任体系，逐级分解到各责任单位，直至具体责任人。落实预算责任的工作是否顺利，很大程度上取决于企业预算组织结构的合理性、责任层次与责任界限的清晰性。而责任预算及其目标的有效实施，必须依赖具有激励与约束功能的各项责任业绩标准的控制。

（3）业绩报告与差异分析

业绩报告能够反映责任中心甚至企业整体截至某一个时点全面预算执行的进度与运行状态。首先，可以从中发现预算执行的实际效果及其存在的问题、问题出现的环节、偏离预算目标的程度以及对企业整体预算目标的影响等；其次，针对不同环节进行差异分析，查找差异产生的原因，从而保证企业预算目标的实现。

（4）业绩考评与奖惩措施

通过业绩考评，首先，企业可以掌握预算的运行状况以及存在的问题，从而为协调各责任单位之间的矛盾、纠正偏差提供思路；其次，可以确定各责任单位和责任人责任目标的实现水平，以及不同责任单位或责任人对企业整体预算目标的贡献差异，进而为以后兑现奖惩提供依据。奖优罚差是预算控制具有激励与约束功能的策源地。一个预算期满，企业必须对各层次责任预算执行的成绩与缺陷、经验与教训、优劣差距及其原因等进行全面、系统的总结与评价。总结环节实际上发挥着一种承前启后的作用，同时也标志着下一预算控制循环的开始。

2. 全面预算监控的原则

（1）适时控制原则

适时控制是指能够及时发现并及时纠正预算活动的偏差。企业预算管理过程中产生的偏差，只有及时采取措施进行纠正，才能避免偏差的扩大，防止不利影响的扩散。及时纠偏要求管理者能够及时掌握反映偏差及其严重程度的信息。但是，最为理想的方法是在偏差发生之前就能够对可能出现的问题进行预测。为此，企业可以通过建立预算预警系统来实现适时预算控制。

（2）适度控制原则

适度控制是指控制的范围、程度和频度要恰到好处。控制具有正、副两种效应。正效应是预算管理控制可以避免或及时纠正预算执行中出现的偏差，有利于预算目标的实现；副效应则是控制可能会给被控制者带来某种不愉快，甚至影响被控制者的积极性。同时，预算控制也会发生控制费用。这就决定了企业在进行预算控制时，应当遵循适度控制的原则。在控制的范围、程度和频度上进行合理的安排。控制的范围过小、程度过低、频度过小，都可能会造成活动的失控，不会取得较好的控制效果；反之，控制的范围过大、程度过高、频度过大，都会使控制费用大幅增加，甚至引起被控制者的不满，影响其积极性，这对实现预算目标是很不利的。

（3）重点控制原则

全面预算管理工作的内容极为庞杂，企业没有必要事无巨细地进行全面控制。在实施全面预算管理时，选择关键控制点进行重点控制是非常重要的控制原则。这样一来，既能节约控制费用，又能将精力用于重要事项的控制，提高控制的效果。在预算管理控制中，常用的重点控制方法有 ABC 控制法、80 / 20 控制法以及例外控制法等。

（4）弹性控制原则

弹性控制原则要求企业的预算管理控制不能绝对化，应当具有一定的灵活性或弹性，从而应对复杂的环境变化。企业在实施预算管理过程中，经常会遇到某种突发的、无力抗拒的事件，这时会使现实的预算背离预定目标。因此，保持预算管理控制的弹性是十分必要的，它可以使预算控制系统在这种情况下仍然发挥控制作用。弹性控制原则要求在制定预算控制标准时就要具有弹性，如可以规定企业在不同情况下的不同预算标准或不同的预定目标，以保证预算控制系统有效地发挥作用。

8.2.4　全面预算监控的模式

1. 根据全面预算监控力度分类

从全面预算监控的力度来看，有预算紧控制和预算松控制两种模式。

（1）预算紧控制

预算紧控制，即严格依据全面预算的完成程度来考评相关责任人的业绩。其基本理念是：为员工确定具体的短期（如一年）目标，使其工作更有效率。紧控制模式是比较传统的预算控制模式，它源于成本管理的标准成本法，以控制"偏差"为基础，即监测实际产出与事先确定的预算目标之间的差异，然后进行适当的监控，以消除或尽量减少偏差。它是标准成本控制思想从成本领域向其他作业领域的延伸。全面预算紧控制有以下一些特点：

①关注预算具体项目的细节；

②不允许偏离预算目标；

③高层管理者重视与预算相关事项的交流，强调全面预算目标的实现。

在预算紧控制情况下，责任人的实际业绩与预算应该相符，预算标准对他们来说就是一个强有力的约束。在每月或每季度考核时，可将到期为止的实际业绩与预算标准进行比较，如果没有达到预算目标，那么要采取纠正措施。因此，在实施预算紧控制的情况下，各级管理者的业绩主要根据在预算期内达到预算目标的能力来评判。

预算紧控制是很多企业的首选预算控制模式，大家普遍认同预算紧控制的作用。实行预算紧控制有以下好处：

①能从一定程度上防止管理人员浪费和低效率，促使管理者不断增强节约和高效意识；

②持续的压力促使管理者寻找新的方法，改善现有的经营，实施新的措施来实现预算目标。

无论是具有成功经验的企业还是学术界，普遍认同预算紧控制的重要性。例如，在某大型集团公司的预算管理体系中，每个月都会进行实际业绩与预算标准的比较与分析，没有完成预算目标的要实行奖金否决，这就是典型的预算紧控制模式。

（2）预算松控制

预算松控制是近年来国外企业逐渐兴起的一种预算控制模式，如欧洲一些大公司实施的"超越预算"模式。所谓"超越预算"，确切地说应该是超越预算紧控制。实行松控制的评价标准较为灵活，它主张把责任和权利都适当下放，授予下级，给下级人员足够的权力空间。在松控制模式中，预算主要用作联络和计划的工具，每年预算管理部门会照样编制、复查、调整和批准预算，每月或每季度仍会将实际业绩与预算比较，并对差异做出分析和解释，但是预算并不被看作对预算执行者的约束和评价标准。随着经营环境和预测前提条件的改变，初始的预测和预算可以随时修改。

预算松控制的主要控制对象由紧控制中的内部组织单位和个人转向组织外部的环境变量。与紧控制中以是否达到预算目标作为考核业绩的标准不同，在松控制模式下，即便预计的目标没有达到也不一定意味着经营业绩不佳。

2. 根据全面预算监控的形式分类

从全面预算监控的形式来看，有外部监控和内部监控两种模式。

（1）外部监控

外部监控是指预算执行过程中上级对下级的监控。外部监控的措施一般有以下两项。

①规章和条例，即对组织行为期望要求和员工的工作状态的表述。一般情况下，每个预算管理系统都会有相应的书面规章和条例制度。

②产出监控，即将监控集中在业务结果，使员工慎重考虑应该如何完成任务。产出监控主要是通过财务监控来实现的，如通过监控收入取得和成本发生来保证最终的财务成果。

（2）内部监控

内部监控是指每一个责任单位对自身预算执行过程的监控，它是预算监控的主要形式之一。内部监控的优点是：在预算编制过程中，各级预算责任部门和相应员工都有参与，在预算执行之前他们对预算就已经心中有数了，这样有利于在预算执行过程中发挥其主观能动性。预算目标的分解明确了各责任单位的目标和责任，并赋予其相应的权利，再配以适当的激励制度，把权、责、利三者紧密结合起来，从而更有利于责任单位在执行过程中对偏离预算的不利行为进行自我纠正，调动责任单位实行自我监控的积极性。

8.2.5　经营预算控制

经营预算中包括的销售预算、生产预算、成本费用预算等都是预算控制的内容。

1. 销售预算控制

因为在销售预算中最重要的部分是销售收入的实现，所以控制目标应该集中于销售价格和销售数量，监督二者在预算期间的变化。

（1）将销售预算涉及的地区划分为若干部分，每部分由专人负责，如分区销售经理。

（2）建立销售预算完成计划时间进度表，随时检查预算完成情况。

（3）建立有效的预算评估程序，对每一阶段预算执行情况进行评价。

另外，在销售预算中还应涉及对产品期初、期末存货的考虑。由于各种环境的影响，销售量的波动会比较频繁，为了生产的稳定，对存货也应进行预算控制，使存货数量处于最低安全存量和最高安全存量之间。

2. 生产预算控制

（1）产量预算控制

生产量会受到销售预算和存货预算控制结果的影响。一般来说，产量预算控制的指导原则应包括以下几点：

①对每项或每类产品决定其标准存货周转率；

②利用每项或每类产品的标准存货周转率和销售预测值来决定存货数量的增减；

③预算期内的生产数量等于销售预算加减存货增减数量。

总之，产量预算的控制必须符合管理控制政策，使生产稳定，将存货数量保持在最低安全存量以上和管理决策所决定的最高存量以下。

（2）直接材料预算控制

直接材料预算控制的目的主要有两个：一是关于直接材料存货的，通过预算控制使相关人员能够在最适当的时候发出订单，以适当的价格和质量获得适当数量的直接材料；二是关于直接材料消耗的，通过控制使材料消耗符合预算标准，将损失控制在确定范围之内。

有效的直接材料存货控制必须做到：供应生产所需的材料，保证生产的连续性；在供应短缺时（季节性等因素造成）设法提供充足的材料供应，并预期价格波动；以最少的处理时间和成本储存材料，并避免火灾、盗窃等意外情况的发生以及减少自然消耗；系统地报告材料状况，使过期、过剩、陈旧的材料项目降到最低数量。这些要求可以通过定期汇报、定期检查、限定材料存货最低量及最高量等手段来实现。

直接材料消耗控制应该使生产过程中的材料消耗控制在预算标准范围之内，尽量减少不必要的浪费和损失，提高材料利用率。实现直接材料消耗控制的方法有限额领料制、配比领料制、盘存控制法等。在使用这几种方法时要注意严格执行标准，如果有超标现象，需要说明原因，并经有权做出决策的部门和人员批准。另外，材料的品种、规格要符合工艺技术的要求，防止大材小用或优材劣用。

（3）直接人工预算控制

有效的直接人工预算控制取决于各级主管人员的持续监督和观察，以及主管人员与员工的接触。直接人工预算中最重要的环节是单位小时人工标准的确定，另外工作流程的规划以及物料、设备的布置安排都会对直接人工总成本产生影响。同时，在一定的工时标准基础上，员工的工作效率会直接影响生产数量和质量。所以，对直接人工的预算控制，可以通过控制人工标准和员工人数来控制工资费用总额，以及监督劳动生产率两个角度着手。

（4）制造费用预算控制

制造费用预算控制的基本原则是区分可控因素和不可控因素。

①制造费用预算控制中的可控因素与材料和人工预算控制都有关联，制造费用中的材料和人工控制方法可以参照直接材料和直接人工的预算控制方法。

②制造费用预算控制中的不可控因素，如分摊的折旧和管理费用等，只能由负责计算分摊这些费用的部门实施控制，由它们来调控费用总额和分配给相应受益部门的份额。接受这些间接费用的部门无需承担控制责任。

3. 成本、费用预算控制

（1）成本预算控制

成本预算是对直接材料、直接人工和制造费用预算的总结概括，因此成本预算控制是站在一个更高的角度对产品成本进行总的监督，而不是分项目的详细控制。在以销定产、从目标利润倒推生产成本的情况下，成本预算控制就是直接材料、直接人工和制造费用预算控制的基础，通过成本预算中要求的各项目的完成情况来详细制定各项目的控制措施。

（2）销售费用预算控制

销售费用可分为变动销售费用和固定销售费用，其控制方法各不相同。

①变动销售费用是指与产品销售数量成正比例变动的费用，如销售佣金、包装费、运输费等。对于变动销售费用，一般应在不影响销售的前提下控制其单位消耗。例如，通过采用科学的打包技术、降低包装物的消耗等手段来减少单位产品的包装费。

②固定销售费用是指与产品销售数量没有直接关系的销售费用，如广告费、销售部门管理人员的工资等。由于固定销售费用与销售量没有直接关系，所以控制的时候以总额控制为主，如限定预算期间用于广告费用的支出金额。

（3）管理费用预算控制

管理费用预算由许多明细项目组成，对不同项目的费用应采用不同的控制方法，但就费用水平而言，应采用费用预算总额控制的方法。例如，对于可能发生的坏账，事先应该按照应收账款的一定比例和账龄长短来核定预算年度的坏账准备，如果实际发生的坏账超过了预算数额，那么在核销时应该由有权控制的部门核准，并查找发生超额坏账的原因，写出报告。

8.2.6　资本预算控制

企业对资本预算不能仅考虑尽量压缩支出，还应该考虑战略成本。所谓战略成本，是指那些能使企业获得价值创造和核心竞争力的成本。这些成本包括技术研发的成本、开发市场的成本和扩大生产以提高质量的成本等。这些成本着重的是企业的长远利益而非短期利益。技术研发可以使企业获得技术上的领先优势，开发市场可以使企业扩大市场占有率，扩大生产可以使企业因生产能力提高而获得规模效益，提高质量可使企业争创名牌。例如，英特尔、微软等公司都投入大量的战略成本以获得核心竞争力。因此，资本预算控制应根据实际情况的变化，随时调整支出项目与支出额，使资产的取得、维护、重置等能够顺利进行。一旦发生无法预计和解决的问题，企业应遵循谨慎性原则，及时停止资本支出项目，以最大限度地减少损失。

资本预算的控制分为以下三个阶段。

1. 正式授权进行特定资本项目的计划

对主要的资本支出计划，需要最高管理者批准，批准的形式可以是正式或非正式的通知。相应地，对重要性程度递减的资本支出计划，由相应级别的管理部门授权即可。

2. 资本支出项目进行中的支出控制

一旦资本支出项目经过批准并开始实施，企业应立即设立专门档案用以记录发生的成本、费用支出，并根据责任范围编制工作进度作为补充资料。每个资本支出项目的进展情况报告，都应该每隔一段时期呈报给相应的管理机构，重要的资本项目则需要将报告呈送企业最高管理者审核。在报告中，应包括的项目有以下几项。

（1）成本项目。成本项目中应列明资本项目的预算金额、到报告期为止的累计支出和尚需支付的待付款项、预算中未使用的金额、已经超过或低于确定支出的数额。

（2）收入项目。如果资本项目投入后马上就可以产生收益或在报告期内产生了收入，那么应在报告中列明收入数额、收入取得的原因和方式等。

（3）进度报告。进度报告中需要说明项目开始日期、预计进度表、实际进展程度和项目预计完成尚需的时间。

（4）其他需要说明的情况。没有包括在上述三个项目中但又比较重要的问题可以放在这个项目中，如项目的质量、一些事先未预计到的问题等。

3. 资本项目完成后的记录与归档

资本项目完成后，关于该项目的档案资料也记录完毕。实际情况、预算情况以及两者的对比、分析、解决情况，项目的验收和试运行情况等都一一包括在内。这些档案资料经相应管理机构核准后可以归档。

经过以上阶段，对资本预算的控制已经基本完成，如果是重大的资本支出项目，还应遵循重要性原则，跟踪观察，进行定期研究，确定该项目是否产生当初分析时所预期的结果。这样的考察是十分必要的，不仅可以对原分析的适当性提供良好的测验，还可以为将来的经营决策提供有价值的参考资料。

8.2.7 现金预算控制

通过对前面各项预算的控制，预计利润表和预计资产负债表的编制已经得到了较好的保证，但还需要对现金进行专门的管理控制。良好的现金控制制度是非常重要的，因为现金的多余和不足，特别是不足，给企业带来的潜在影响是难以估计的。

1. 避免现金不足的方法

实际现金收支与预算收支的差异是一定存在的，发生差异的原因可能有现金影响因素的变化、意外情况对生产经营的影响、现金控制不得力等。企业为了缩小差异，避免出现现金不足的情况，可以采取以下方法：

（1）加强应收账款的催收力度；

（2）减少付现费用；

（3）延迟资本支出；

（4）推迟待付的款项；

（5）在不影响生产经营的基础上减少存货数量。

2. 对现金预算进行控制的方法

（1）对现金及未来可能的现金状况做出适当和连续的评价。这个程序涉及定期评估和截至报告期所发生的实际现金流动情况，以及对下一期间可能发生的现金流量的再预测。

（2）保存逐日（或更长间隔期间）的现金状况资料。为减少利息费用，确保现金充足，有条件的企业可以每天对现有现金状况进行评估，这个方法特别适用于现金需要波动幅度较大、分支机构分散且有庞大现金流量的企业。在实际经济活动中，很多企业都通过编制现金收支日报表来控制现金流量。

8.2.8　全面预算环节的监控

建立完善的监控系统，对全面预算各个环节实施有效的监控，可以帮助企业加强预算管理，使预算真正发挥应有的监控作用。企业预算监控系统从预算管理的环节来看，主要包括预算编制监控、预算执行监控、预算调整监控、预算考评监控、预算奖惩监控和预算反馈监控等几个部分。

1. 预算编制监控

预算编制监控是一个前馈监控过程，预算编制质量的高低直接影响预算当期企业的经济效益。对于预算的编制过程，企业预算管理部门要进行适当的监控。

首先，要保证编制过程中不出现任何数据处理上的差错。预算资料或者说预算初稿是由各相关部门分别提供的，上级预算管理部门在接受这些资料时要进行认真的复核，以保证数据资料的准确性。

其次，重点对"预算松弛"的问题进行监控。所谓预算松弛，是指在预算编制过程中，预算执行者为了完成预算，倾向于制定较为宽松的预算标准，使完成某项任务所预算的资源数量大于实际需要的资源数量，或使预算的产出量小于可能的产出量。预算松弛主要表现为预算执行者低估收入、高估成本、低估产销量甚至销售价格、夸大完成预算的困难、低估利润等；或为了争取新的投资项目，在项目申报时压低支出预算，当项目被批准后，又不断扩大投资规模或捎带其他项目的"钓鱼"行径。企业在采用自下而上或上下结合的预算编制程序时最容易出现这种情况。所以，在预算编制过程中，预算监控部门应有意识地留心这种状况，慎重地确定下级参与预算编制的程度和方式，对下级报上来的预算要进行认真论证，尽量减少或消除这种现象。

2. 预算执行监控

预算执行监控在预算监控系统中处于核心环节。预算执行过程中的监控是一种动态监控，其重点放在对发生的行动效果及其形成过程的经常监督上。预算执行过程中的监控主要是做好以下几个方面的工作。

（1）权限划分

权限划分是在预算执行过程中，为保证预算内的投融资、资产购置、费用开支、经营业务管理的有效性，对预算额度的使用许可设置必要的审批权限，规定各个级别的预算管理部门所具有的审批权限。

（2）资金监控

资金运动是企业的"血液循环"系统，"血液循环"是否顺畅，无疑是关系企业生死存亡的问题，所以对资金的监控不容忽视。在成功施行资金监控的企业中，设立内部结算中心是一种很好的方法。内部结算中心也称内部银行，它作为办理内部各成员现金收付和往来结算业务的专门机构，是一个独立运行的职能机构。内部结算中心是完善企业内部经济责任制、强化财务管理的一种管理形式，它主要通过结算管理和信贷管理两个方面来做好企业资金的调剂工作，并及时把企业高层的经营意图贯彻于财务部门、企划部门、业务管理部门以及各单位、子公司及分厂，为企业的正常运转提供资金保障。

（3）预算仲裁

预算仲裁也是预算管理的必要手段之一，是实现预算调控职能的必要保障。如果企业内部各预算单位之间发生利益冲突，导致企业生产经营业务无法正常开展，就需要进行仲裁。仲裁决议一经形成，各预算责任单位必须无条件执行，这是由内部仲裁具有的权威性和严肃性决定的。

3. 预算调整监控

在预算执行过程中，由于主客观条件的发展变化，企业要想保证预算的科学性、严肃性与可操作性，对预算进行适当的调整是必要的。当实际的变化超出预计很多时，就需要调整企业预算。如果发现某项预算编制的基础已经发生了变化，仍然坚持按照原预算去执行，那么显然违背了预算作为管理监控系统的初衷。但是，允许调整预算并不意味着能随意调整。许多企业在实施预算管理的过程中，经常出现"下面天天打报告，上面天天调预算"以及"预算跟着报告跑"的情况。这样不但发挥不了预算的作用，还浪费人力、物力和财力，失去了预算管理的权威性。

预算的调整同预算的制定一样，是预算管理的一个重要、严肃的环节，必须经过严格、规范的审批程序，不能随意调整。由于预算调整属于非正常的事项，而且牵涉面广，对其他相关部门也会产生影响，并可能引起一系列的变化，因此需要建立一定的程序来监控它。首先，应严格界定预算调整的范围，只有出现不可控的因素变化时才允许调整；其次，应该规范预算调整的权限与流程，只有对调整的范围、权限与流程进行严格规范，才能在出现难以预料的情况时保证预算调整有序进行，不至于失控。

4. 预算考评监控

预算考评是对企业内部各级责任中心和责任部门预算执行结果的考核和评价。在预算管理循环中，预算考评处于承上启下的关键环节，在预算监控中发挥着重要作用。如果没有以预算为基础进行考评，预算就会流于形式，从而失去监控力。

在预算考评的过程中，企业必须对考评的全过程进行监控，以保证考评结果对每个责任中心、每位责任人都是合理、公平和公正的。首先，要看考评是否遵循了相应的原则，如可控性原则、风险收益对等原则、公平公开原则等；其次，要看预算指标体系的设计是否科学、合理，只有合理的指标体系才能合理评价经营业绩，才有助于合理配置资源，提高经济效益；最后，要看在考核定量指标时是否适当地结合了定性指标，考核绝对指标时是否结合了相对指标等。总之，预算管理的监控部门要对企业预算的考评进行全方位的监控，只有这样，考评的结果才能被大家所接受，才有助于企业预算管理工作的顺利开展。

5. 预算奖惩监控

有效的奖惩制度是企业全面预算系统长期顺利运行的重要保证。考评和奖惩是相关联的，考评之后必须有相应的奖惩激励制度与之衔接，这样才能够实现建立评价和激励制度的目标，引导员工自觉约束自己的行为。

对于奖惩的监控，主要是监督各项奖励与惩罚措施是否都落到了实处，是否都在规定的时间里予以兑现，奖励给各责任中心、各责任人的物资及表彰等是否完成，没有完成预算工作的相关部门及人员是否受到了相应的惩罚等。如果只有考评，而奖惩措施不到位，势必会影响企业内部各单位、各员工的工作积极性，从而导致其在以后的工作中消极地对待预算执行工作。

6. 预算反馈监控

预算信息反馈是预算执行过程中预算监控职能实现的前提和基础。预算监控系统要发挥应有的作用，必须依赖灵活的预算信息反馈机制。企业对预算反馈的监控包括预算反馈监控制度和预算反馈报告两部分。

（1）预算反馈监控制度

为保证企业预算目标的顺利实现，在预算执行过程中，各级预算责任单位应定期召开预算例会，如每周或每月等，对照预算指标及时总结预算执行情况、分析差异产生的原因、提出改进的措施。预算例会召开之后，应当形成预算反馈报告上报上级预算管理部门。

（2）预算反馈报告

预算反馈报告分为基本报告和特别报告。基本报告是按照报告频度安排、定期编制的以预算责任单位的正常经营状况和结果为对象的预算反馈报告。一般来说，基本报告应当列示责任预算、实际完成数及其差异；同时对差异较大的项目进行差异分析，并作出文字说明。特别报告是指非定期编制的针对预算责任单位在预算执行过程中的特别事项所做的反馈报告。特别报告的内容因事项而不尽相同，但通常应当报告事项的原因、结果、影响、责任人以及最后的处理意见等。特别报告可以是书面报告，也可以是口头报告，但在实务中，最好编制书面报告。编制预算反馈报告应当遵循真实、及时、系统和灵活的原则。

8.3　全面预算的调整

8.3.1　全面预算调整的原则

预算管理是监督生产经营部门和控制生产经营过程的科学管理方法，必须保证在执行过程中的严肃性和权威性。预算调整必须按照预算管理制度中规定的调整程序进行。同时，调整预算还应该分别按照不同的情况确定不同的调整方案。预算调整根据预算指标执行的具体情况、客观因素变化情况及其对预算执行造成的影响程度，可分为预算目标调整，以及预算目标不调整而只调整预算内容两种。具体来讲，当生产布局进行重大调整、国家相关政策出现重大变动，非常有利于企业或不利于企业，对生产经营造成实质性转变，对预算执行结果产生重大的影响时，就需要对预算目标进行调整；如果对预算的执行没有长期持续的影响，那么一般只对相关部门的预算进行调整，并且不调整预算目标而只调整预算内容。

企业应当建立内部的弹性预算机制，对于不影响财务预算目标的营业活动预算、投筹资活动预算之间的调整，企业可以按照内部授权批准制度执行，鼓励预算执行单位及时采取有效的经营管理对策，保证全面预算目标的实现。

对于预算执行单位提出的预算调整事项，企业在进行决策时应当遵循以下原则：

（1）预算调整事项不能偏离企业发展战略和年度财务预算目标；

（2）预算调整方案应当在经济上能够实现最优化；

（3）预算调整重点应当放在全面预算执行中出现的重要的、非正常的、不符合常规的关键性差异方面。

8.3.2　全面预算调整的程序

预算调整必须按照一定的程序进行。一般来说，预算调整要经过分析、申请、审议和批准四个主要程序。

1.分析

预算执行单位在具体执行预算时，如果发现存在预算偏差，应及时做出分析，对形成预算偏差的原因进行逐个检查，分析是属于客观原因（如预算条件的变化）造成的，还是主观上不能严格执行原有预算。若属于前者，则应向全面预算管理委员会申请调整预算；若属于后者，则由预算单位自行消化，不得进行预算调整。

2. 申请

预算调整申请应由预算执行单位向全面预算管理委员会或其常设机构提出书面申请。预算申请报告内容应详细说明预算调整的理由、初步建议方案、调整前后预算指标的比较、调整后预算指标可能对企业预算总目标的影响，以及调整后预算责任人的变化等。

3. 审议

全面预算管理委员会或其常设机构在接到预算单位要求进行预算调整的申请后，应当进入预算调整审议程序。预算调整审议程序一般包括以下几步：

（1）根据预算调整的具体内容、范围等确定预算审议人；

（2）预算审议人对申请预算调整事项进行深入的调查和论证，并提交审议意见报告；

（3）全面预算管理委员会或其常设机构将预算调整审议意见与预算单位的预算调整申请报告进行分析对比，特别要注意拟调整的预算应与企业预算总目标相协调，并与预算审议人、预算单位交换意见。

4. 批准

全面预算管理委员会根据预算调整事项性质的不同，依据权限批准预算调整事项或报请批准预算调整事项，并下发预算单位执行。

预算调整必须要有一定的程序和流程，并有相应的配套制度来保证预算调整程序和流程得到严格的执行。预算调整的范围、调整程序和流程、预算调整的权限构成了预算调整的三大要素，企业必须严格加以规范。

8.3.3　全面预算调整的形式

1. 预算调整的基本形式

预算调整的基本形式包括自动滚动调整、期中调整、授权调整、期后追认（追加调整）、即时预算调整以及授权与即时调整相结合等。

（1）自动滚动调整

所谓自动滚动调整，实际上是预算管理信息系统中的一个子系统，即"预算调整系统"，当预算假设或预算条件发生变化时，自动按照最新的预算假设或预算条件对预算指标做出调整，并且当满足预算总目标调整条件时，自动生成新的预算总目标，如此不断滚动到预算年度（期间）结束为止。

采用自动滚动调整这一形式的前提是企业已经建成了适合自身实践和满足自身需要的

全面预算管理信息系统。因此，自动预算调整适合于管理软硬件自动化程度比较高、能对经营环境的变化做出及时反应的企业。

预算自动滚动调整也有缺陷，即对预算调整程度的判断。对于预算的前提，无论是外部经济条件还是内部管理条件，有许多因素是无法量化的，所以如何确定"自动滚动"的调整参数，往往与企业对预算指标的细分程度有关。一般来说，这一预算调整形式难以与企业治理结构相协调。

（2）期中调整

这是在预算执行过半后，将预算前提和预算指标与年中预算实际执行结果进行比较，然后根据比较得出的预算偏差考虑进行年度预算调整的一种形式。这种形式由于只在期中进行一次，因此预算调整也是粗放式的，通常适用于规模较小、经营环境相对稳定的企业。

自动滚动调整和期中调整这两种预算调整形式的预算调整决定人与预算制定人实际是同一人。如果两者非同一人，预算调整的形式也就不一样，由此会派生出预算调整的其他形式。

（3）授权调整

所谓授权调整，是指预算制定人在制定预算时授权预算执行人或其他与预算有密切关系的人员，当预算前提在一定范围内发生变化时，可以根据实际情况对预算指标做出修订，以保证预算总目标的完成。

（4）期后追认（追加调整）

期后追认又称追加调整预算。其形式与行政事业单位预算方法类似，即将平时实质上已经调整的预算先实施挂账，在期末决算前一次性对原挂账的预算调整数进行逐一审查确认。这种形式适用于规模较小或对市场适应要求不高的企业。

（5）即时预算调整

顾名思义，即时预算调整是在预算执行过程中，当预算前提发生变化时，对原先编制的各项预算指标进行审核，并即时根据新的预算前提进行预算指标更新。即时预算调整与自动滚动调整在形式和程序上有一定的区别。前者强调的是对预算前提进行即时审核，而后者则是预算程序的实时反映。

即时预算调整形式适用于商业及制造型企业。但是，与预算自动滚动调整形式一样，预算即时调整也存在预算调整程度问题。

（6）授权与即时调整相结合

授权与即时调整相结合的预算调整形式是实务中基于企业法人治理原则，吸收预算授权调整和预算即时调整的优点、克服存在的缺陷和在实务中难以操作的因素而形成的预算调整形式。

现代企业制度对企业的管理实际上实行二元治理结构，即企业的董事会作为决策性的权力机构和经理层作为日常经营机构。这样，作为企业重大经济活动和企业管理体系的重要组成部分，企业预算系统中的各项行为就存在权力分配问题。企业董事会是企业预算的决定机构，而企业经理层则是预算的执行机构。当企业预算因预算前提发生变化而需要修正并调整预算指标时，由谁来决定预算调整呢？从理论上来说，当然是董事会。但是，董事会一般不直接参与企业的日常经营活动。它也不是一个常设的企业经营机构，如果要求董事会对频繁发生的预算调整逐一做出决定，显然是不现实的，在这种情况下，预算即时调整授权应运而生。

2. 预算调整形式的选择

预算调整根据企业的制度、规模和所经营行业的特点等，有不同的表现形式。预算调整制度作为企业预算制度的组成部分，其形式与企业选择的预算编制方式有密切的联系。在实务中对预算编制方法和预算调整方法，并不是单纯选定某一种方法，而往往是几种方法结合使用，但事先要确定一个相对固定的预算调整形式。例如，许多企业常用的预算调整形式是股东大会、董事会在一定范围内授权执行董事等；在预算年度内董事会批准的重大事项通常作为预算追加的依据，直接追加或调整预算。

企业采用的预算调整形式，通常也因不同行业而有所不同。例如，制造类企业、零售企业、服务类企业的预算调整方式会不尽相同。

（1）制造类企业

以制造产品为主业的企业，由于其原材料和产成品两头在外，一般处于市场系统的中间环节，对市场的敏感性很强，一旦预算条件发生变化并足以影响预算指标时，预算调整就不可避免。因此，制造类企业一般可以考虑采用自动滚动调整或即时调整与授权调整相结合的手段，即为了能实时监控预算的执行，根据企业法人治理原则授权经理层对预算偏差进行随时反应，并判断是否需要对原有预算指标进行调整。对于一些本身自动化程度比较高的制造类企业，由于先天存在的优势，运用这些预算调整方式能更加有效地取得管理效益。

（2）零售企业

零售企业对市场的敏感性也非常强，特别是一些大型的零售企业，如百货商店、超市等，属于"两头在外"、以赚取差价为目的的企业。从这一点上看，零售企业与制造类企业有相似之处，但其赚取差价的手段主要是服务，因而其又有服务业的特点。因此，在选择预算方式时，零售企业应当结合自身的特点。由于大型零售企业的产品范围很广，多种产品对市场的敏感程度进行"叠加"，对一家企业来说反而变得不敏感，或者说显示出稳定的特征，因此可以采取授权与即时调整相结合的方式。这里要注意一点，企业应该对"即时"进行一定程度的"修正"，考虑按一定的时间段进行调整。例如，一个季度末对预算执行情况进行分析检讨，再决定是调整还是维持预算。这种定期调整的方式，在预算年度内做调整的次数一般应多于服务业，建议最好是一个季度进行一次预算调整，以便预算执行与预算目标始终在企业可以承受的范围之内，而又不浪费精力。

（3）服务类企业

对于某些处于发展成熟阶段的服务类企业而言，一般其产品（服务项目）比较稳定，价格也不会有大的变化。因此，除非产生重大政策变化或不可抗力，如某一大型服务对象突然破产，使收入预算指标发生重大偏差，在这种情况下，就有可能调整预算。服务类企业可以在预算年度进行一次预算调整，具体可以采用期中调整、期后追认的方式，即在预算执行过程中由企业经理层根据实际情况对预算进行调整，年末决算时由原预算批准机构进行确认。

表8-3是某居民服务类企业集团采用期中（上半年结束后）调整、年末再追认的方式进行管理费用预算调整的示例，供读者参考。

表 8-3　管理费用预算调整表示例

编制单位（盖章）：　　　　　　　　　　　　　　　　　　　　金额单位：万元

项目		行次	1—6月实际数	调整后预算数金额	调整前预算数百分比	调整数		说明
						金额	百分比	
职工薪酬	工资	1	25.05		55.00	−55.00	−100%	
	其中：基薪	2	25.05	0	55.00	−55.00	−100%	
	绩效工资	3						
	津贴	4						
	职工福利	5	0	0	3.00	−3.00	−100%	
	社会保险费	6	20.53	0	35.00	−35.00	−100%	
	企业年金	7						
	住房公积金	8						
	工会经费	9						
	职工教育经费	10						
	非货币性福利	11						
	辞退福利	12						
办公费		13	0.08	0	5	−5.00	−100%	
通信网络费		14						
差旅费		15	0.48	0	10.00	−10.00	−100%	
汽车使用费		16	0	0	11.50	−11.50	−100%	
业务招待费		17	1.02	0	12.00	−12.00	−100%	

（续表）

项　目		行次	1—6月实际数	调整后预算数金额	调整前预算数百分比	调整数		说明
						金额	百分比	
水电费		18	2.80	0	2.60	-2.60	-100%	
交通费		19						
修理费	房屋修理费	20						
	办公设备修理费	21						
	其他修理费	22						
劳动保护费		23						
商业保险费		24						
董事会费		25						
会议费		26						
财产保险费		27						
广告宣传费		28						
税金	印花税	29	0	0	2.00	-2.00	-100%	
	房产税	30	20.30	0	0			
	土地使用税	31	17.54	0	0			
	契税	32						
	其他	33						
咨询顾问费		34	0.30	0	0			
聘请中介机构费		35						
诉讼费		36						
租赁费		37						
培训费		38	0	0	3.50	-3.50	-100%	
物业管理绿化费		39						
折旧费		40	7.03	0	10.00	10.00	100%	
长期待摊费用摊销		41						
低值易耗品摊销		42						
无形资产摊销		43						
项目研发费		44						
对外合作费用		45						
投资项目前期费用		46				—		

（续表）

项　目		行次	1—6月实际数	调整后预算数金额	调整前预算数百分比	调整数		说明
						金额	百分比	
其他费用	党工团活动经费	47						
	其他	48	4.56	0	17.90	−17.90	−100%	
合计		49	99.69		167.50	−167.50	−100%	

单位负责人：　　　　　　　　　　　　　　主管会计工作负责人：

8.3.4　财务预警系统

财务预警系统是以企业信息化为基础，对企业在经营管理活动中的潜在风险进行实时监控的系统。它贯穿于企业经营活动的全过程，以企业的财务报表、经营计划及其他相关的财务资料为依据，根据财会、金融、企业管理、市场营销等理论，采用比例分析、数学模型等方法，发现企业存在的风险，并向经营者示警。它与财务评价系统相互依赖、互为补充。

1.财务预警系统的功能

（1）信息收集

收集与企业经营相关的产业政策、市场竞争状况、企业本身的各类财务和生产经营状况信息，并进行分析比较，判断是否进行预警。

（2）预知危机

经过对大量信息的分析，当出现可能危害企业财务状况的关键因素时，财务预警系统能预先发出警告，提醒经营者早做准备或采取对策，避免潜在的风险演变成现实的损失，起到未雨绸缪、防患于未然的作用。

（3）控制危机

当财务潜在的危机发生时，财务预警系统能及时找到导致财务状况恶化的根源，使经营者有的放矢、对症下药，制定有效的措施，阻止财务状况进一步恶化。

2.财务预警系统的建立方式

财务预警系统建立的关键是确定预警的指标和判断预警的警戒线。建立财务预警系统有以下两种模式。

（1）单一模式

单一模式是通过单个财务比率的恶化程度来预测财务风险。可设立以下比率：

$$债务保障率 = 现金流量 \div 债务总额$$

$$资产收益率 = 净收益 \div 资产总额$$
$$资产负债率 = 负债总额 \div 资产总额$$
$$资金安全率 = 资产变现率 - 资产负债率$$

其中：

$$资产变现率 = 资产变现金额 \div 资产账面金额$$

良好的现金流量、净收益和债务状况可以体现出企业长期的、稳定的发展态势，相关人员在跟踪考察时，应特别注意上述比率的变化趋势。当这些指标达到经营者设立的警戒值，预警系统便会发出警示，提醒经营者注意。企业的风险是各项目风险的整合，不同比率的变化趋势能够反映出企业风险的趋势，但单一模式无法区别不同比率因素对整体的作用，也不能很好地反映企业各比率正反交替变化的情况。当一个比率变好、另一个比率变差时，很难做出准确的预警。

（2）综合模式

综合模式是运用多种财务指标加权汇总产生的总判别值来预测财务风险，即建立一个多元线型函数模型来综合反映企业风险。下面通过 Z 模型进行讲解。

$$Z=0.012X_1+0.014X_2+0.033X_3+0.006X_4+0.999X_5$$

其中：Z——判别函数值，X_1——营运资金／资产总额，X_2——留存收益／资产总额，X_3——息税前利润／资产总额，X_4——普通股和优先股市场价值总额／负债账面价值总额，X_5——销售收入／资产总额。

该模型将反映企业偿债能力的指标（X_1，X_4）、获利能力指标（X_2，X_3）和营运能力指标（X_5）有机联系起来，综合分析、预测企业风险。一般认为当 Z 值大于 2.675 时，表明企业财务状况良好；当 Z 值小于 1.81 时，表明企业财务状况堪忧；当 Z 值在 2.675 和 1.81 之间时，说明企业财务状况不稳定。

综合模式把企业看作一个综合体，各个财务指标之间存在某种相互联系，但对企业整体的风险影响作用也是不一样的。这种模式给企业一个定量的标准，从总体角度检查企业财务状况，有利于不同时期财务状况的比较。但受企业规模、行业、地域等诸多差异的影响，使得 Z 值不具有横向可比性。

3. 企业财务预警系统的特征

企业财务预警系统具有参照性、预测性、预防性和灵敏性四个特征。

（1）参照性

从参照性来看，依据企业财务运行特点和相关规律等，从大量的企业财务指标中筛选出能及时、准确反映企业财务状况变化的指标，运用财务管理原理和数量分析方法，测算出反映企业财务运行状态的指标和指标体系，使其成为判断和认识企业财务运行规律的参照指标或指标体系。

（2）预测性

从预测性来看，企业财务运行各影响因素之间有一定的因果关系，可以根据财务运行状态的发展趋势和变化，预测或推导出与此密切相关的各因素的发展变化。尤其是当影响企业财务状况的关键因素出现不良征兆时，可以及早寻求对策，以减少财务损失。

（3）预防性

从预防性来看，一旦企业财务预警体系中相关指标贴近安全警戒线，便可以及时寻找导致财务运行恶化的原因，以化解财务危机。

（4）灵敏性

从灵敏性来看，由于企业财务体系各因素之间密切相依，存在互助关系，某一因素的变动会在另一因素上敏锐地反映出来，因此可以提供相关预警信息。

4. 如何建立财务预警系统

（1）加强信息管理

财务预警系统必须以大量的信息为基础，这就要求信息管理系统能够向预警系统提供全面、准确、及时的信息。企业要建立信息管理组织机构，配备必要的专业人员，同时要明确从信息收集、处理、储存到反馈等各环节的工作内容以及信息专业人员的职责，从而提供必要的技术支持。

（2）协调好各子系统之间的关系

企业是一个有机的整体，财务预警系统应该与其他子系统保持和谐的合作关系。企业应当考虑不同子系统的数据传递和各个子系统对各种数据的不同要求，实现企业数据共享，使各子系统之间的关系变得更加和谐。

（3）完善内部控制制度

财务预警系统对企业内部控制制度提出了更高的要求。良好的内部控制制度应该包括法人治理结构完善、组织建设权责分明、交易处理程序适当、信息记录真实和披露及时等内容。

第 9 章

全面预算考评与差异分析

——预算管理的重要一环

9.1　全面预算考评

全面预算管理是一个完整的管控流程。预算考评成为预算效果实现保障的最后一个重要环节（见图 9-1）。

图 9-1　预算考评环节所处的重要位置

预算考评是对企业内部各级责任单位和个人预算执行情况的考核与评价。在企业全面预算管理体系中，预算考评既起着检查、督促各级责任单位和个人积极落实预算任务的作用，又能及时提供预算执行情况的相关信息，以便纠正实际与预算的偏差，进而实现企业总体目标。预算考评不仅使企业有效激励相关部门和人员有了合理、可靠的依据，还有助于企业管理层全面了解企业生产经营情况。同时，从整个企业生产经营循环来看，预算考评作为一次预算管理循环的结束总结，为下一次科学、准确地编制企业全面预算积累了丰富的资料和实际经验。

9.1.1　全面预算考评概述

全面预算考评是发挥预算约束与激励作用的必要措施，它通过预算目标的细化分解和激励政策的付诸实施，达到引导企业每一位员工向企业战略目标方向努力的效果。

全面预算考评的目的是对上一考核周期各部门的预算目标完成情况进行考核，及时发现和解决潜在问题，确保预算的完成，或者在必要时修正预算，以适应外部环境的变化。

1. 全面预算考评的主体和客体

（1）全面预算考评主体

全面预算考评主体是预算考评的组织者和实施者。它可以分为两个层次，第一个层次的考评主体是全面预算管理委员会。作为最高的考评主体，全面预算管理委员会对企业预算的执行情况行使考评职责。第二个层次的考评主体是企业内部的各级部门。这是按照逐级负责制原则，由上级对下级的预算执行情况进行逐级考核与评价，其考评对象是下级各责任部门和相关个人。在全面预算考评体系中，处于中间层面的各个部门既是上级考评主体的考评对象，又是下级部门的考评主体。

（2）全面预算考评客体

全面预算考评客体即考评的对象。在进行全面预算考评时，考评的对象是企业内各级预算责任单位和相关个人。各级预算责任单位是指企业管理组织结构中的各个层次，如横向组织结构中的供应、生产、销售等职能部门和计划、财务、人事等管理部门，纵向组织结构中的分厂、车间、工段、班组等。当然，预算责任单位未必一定服从企业管理组织结构的要求，也可按可控性划分责任单位、按成本动因划分作业单位等。考评客体的下级责任单位应根据预算管理的要求设置。

2. 全面预算考评的目的

（1）控制

使被考评人明确改进工作的方向，有利于推动企业总目标的实现。

预算考评的目的并不是纯粹为了对责任单位或个人的业绩进行评估，它更深层的目的是有效推动责任单位和个人的行为表现，引导企业全体员工从个人开始，以至个别部门或事业部，共同朝着企业整体预算目标迈进。因此，在设计预算考评制度时，管理者必须把企业的战略目标及全面预算管理体系紧密地结合在一起。否则，个人的行为与企业的战略必定会有所偏离，从而影响企业战略目标的实现。

（2）沟通

沟通就是人与人传达思想和交换信息的过程。规范化的预算考评可使上级了解下属的能力及其对企业的贡献，改变仅凭印象和档案用人的旧习，使人事管理科学化。

（3）激励

激励是创建满足企业员工各种需要的条件，激发员工的动机，使之产生实现组织目标的特定行为过程。通过预算考评，能够使被考评人看到差距，明确今后的目标，调动其积极性、主动性和创造性。

3. 全面预算考评的作用

（1）预算考评是对预算执行者业绩评价的重要依据

预算目标的层层分解与落实，使企业所有员工都有了属于自己的预算目标，通过将执行者的实际业绩与自己的预算目标进行比较，可以评价执行者的业绩，确定责任归属，这是比较公正、合理和客观的。

（2）预算考评有利于预算指标的优化

通过预算考评，既可以反映整个企业的经营业绩，也可以检验现行各项预算指标是否合理和可行，从而为下期预算指标的确定起到一定的指导作用，也能为管理者优化预算指标提供资料和依据。

（3）预算考评能确保企业预算目标的实现

预算目标一经确定并细化分解到各责任单位和相关个人后，就成了企业一切工作的核心，在企业内部具有"法律效力"，对企业各级责任单位和相应个人具有较强的约束作用。在预算执行过程中，管理者对预算执行情况与预算的差异适时进行确认，及时纠正执行中的偏差，可以为企业预算目标的顺利实现提供可靠的保障。如果没有预算考评，各级责任单位可能并不会将预算目标放在心上，从而影响企业预算总目标的实现。

（4）预算考评增强了企业员工的成就感

考评本身具有较强的激励作用，企业通过预算考评肯定了相关员工的工作业绩，并将他们的工作业绩与奖惩制度挂钩，势必会增强员工的成就感，从而进一步激发员工的工作积极性。

4. 全面预算考评的原则

（1）合理性原则

由于预算考评工作涉及预算责任单位和员工个人的切身利益，因此一定要注意合理性原则。在对预算责任主体进行考评时，要注意使相关责任主体的风险与收益相配比、权责对等。

（2）目标一致性原则

预算考评的一项主要功能就是通过对分解、落实到各个责任主体的预算指标的考核，明确各相关部门和人员的具体目标并督促其积极完成。但要注意一个问题，一定要确保各级责任单位与员工个人目标的一致性。预算考评工作必须遵循目标一致性原则，保证企业全面预算体系的一致性，引导各级责任单位和个人在预算执行过程中协调各自的工作，共同实现企业整体预算目标。

（3）总体优化原则

预算管理客观上要求通过调动各预算责任单位和员工的积极性、主动性来实现预算目标。但预算责任单位是具有一定权力并承担相应责任的利益关系人，他们自然而然地以自身利益最大化为目标。一般而言，双方的利益目标具有统一性：在局部利益最大化的同时，实现整体利益的最大化。然而，局部利益和整体利益分别代表着两个层级预算主体的利益，因此它们又不可避免地存在矛盾：为实现局部利益最大化而损害整体利益。例如，收入中心只重销售而不重货款的收回，生产中心只重产出的数量而不重消耗的降低、成本的节约和质量的提高等。为此，预算考评要支持企业整体目标的实现，使之符合总体优化原则。企业在制定预算考评标准时就应该防止以局部利益损害全局利益。个人或部门目标的实现应有助于企业整体目标的实现而不应是相反的。总体优化原则，一是要求预算考评指标的设计要科学。例如，对利润中心用"部门投资报酬率"考评容易引发次优化，可用经济增加值（EVA）指标评价体系中的"剩余收益"进行考评。二是要求考评指标体系化。例如，对采购供应部门不仅要考评储备资金占用量，还要考评供应的及时情况等。

（4）时效性原则

预算考评应及时进行，并适时依据奖惩制度兑现，只有这样才有助于预算管理工作的改进，确保预算目标的完成。如果将本期的预算执行结果拿到下期去考评，就失去了考评应有的作用。

（5）可控性原则

预算考评既是预算执行结果的责任归属过程，又是企业内部各预算责任单位间利益分配的过程。因此，客观、公正、合理是此环节的基本要求。而这一要求的集中体现就在于各责任主体以其权责范围为限，仅对其可以控制的预算差异负责。也就是说，对各个层级责任单位的考评内容应该是该层级各责任主体所能控制的业务或因素，所有可控因素带来的预算差异都应该由相应的预算主体负责，利益分配也应以此为前提。但是，应该注意避免因为强调可控而导致的责任推诿。可控应该是相对的而不是绝对的，只要某责任主体对某因素具有重大的影响和作用力，或者说没有比其更具控制力的责任主体，该因素就应是该责任主体的可控因素。

（6）分级考评原则

分级考评原则要求预算考评与预算目标的确定及分解相适应，针对每一层级的责任主体所拥有的权力和承担的责任进行业绩考评，这也是实现权责利相结合的基本要求。

（7）公平、公开原则

①考评必须公平。公平，就是相同的投入要得到相同的报酬，或者说每个人拥有相同的报酬／投入比率。从实践来看，公平的考评能够发挥出积极作用，而不公平的考评起着消极作用。公平的考评，除了要有科学的考评标准和奖惩制度外，还要求预算考评主体以身作则，大公无私，不徇私情，坚持严格按预算考评标准和制度进行考评。

②考评必须公开。任何考评都应有预算标准，它是预算考评的依据。预算标准是指导工作的规范，而不是约束人、制裁人的工具和武器。预算考评标准也是员工自我考评的依据，不公开标准就失去了自我考评的作用。公开预算考评标准是预算考评公正的前提，公开预算考评标准便于群众监督。预算考评公开，包括制定预算标准的过程对被考评者公开、考评标准要在执行之前公布、考评结果要在有关的范围内公布等内容。

（8）例外考评原则

在企业预算管理中，一定要特别注意那些有可能影响预算目标完成的关键因素，并关注这些因素的例外情况。这其中又包括两层意思：

①对于关键因素，要超出常规地实施例外的细致考评；

②如果企业不可控的外部因素变化对预算执行造成影响，那么企业就应根据实际情况

调整预算，并按调整后的预算标准进行例外考评。

5. 全面预算考评的程序

（1）广泛动员各方力量，收集相关信息资料

在进行预算考评之前，要先收集考评所需的相关资料，包括各种财务和非财务数据指标。准确、齐备的预算执行资料，是科学进行预算考评工作的基础和先决条件。

（2）比较预算与实际执行情况，合理确定预算差异

根据实际情况与预算差异的性质，可将其分为有利差异和不利差异。所谓有利差异，是指实际情况优于预算目标的差异额，如实际收入大于预算收入，或实际成本费用低于预算成本费用等；而不利差异则相反，是指实际收入低于预算收入，或实际成本费用高于预算成本费用等实际情况不如预算目标的差异额。预算考评的一个目的正是消除不利差异或扩大有利差异，确保预算目标的实现。

比较与确定成本差异是预算考评的一项重要工作，它可以帮助企业查明差异形成的原因，以便采取相应的措施消除不利差异，发展有利差异，实现对成本的有效控制，不断降低成本，提高企业经济效益。

（3）分析差异形成原因，明确相关经济责任

对预算执行结果的实际差异分析应遵循重要性原则，侧重于对重点差异的分析。需要专门指出的一点是，在分析过程中一定要特别注意那些名为有利差异、实为隐性不利差异的现象，以防止盲目乐观，忽视潜在的隐患。例如，销售部门为降低本部门的销售费用而削减了必要的广告费支出，造成产品市场份额减少，从长远看影响了企业的销售收入和利润。对这种差异的分析一定要细致，尽量做到防患于未然。

9.1.2　全面预算考评体系设计

1. 全面预算考评体系的主要内容

全面预算考评是一项复杂度较高的管理技术。全面预算考评体系本身是否科学合理会影响其考评效果。

（1）预算考评的关键点

企业预算考评的关键点主要有以下两个方面：

①考评的内容，即企业在结果和过程上都希望达到什么样的质量状态，比如企业的预算控制、员工的预算管理意识等；

②预算目标的承担者，即预算目标应当由谁来完成，比如预算控制由谁负责，应达到什么标准及结果等。

如果不能确定好这两个问题，企业的预算考评将无从谈起。很多企业在设计预算考评

体系时遇到困难，都是因为不能很好地把握这两个关键点。

（2）预算考评体系设计的主要内容

企业预算考评体系设计主要包括八个方面的内容：考评内容体系、业绩指标体系、指标标准体系、考评周期体系、考评关系体系、考评结果兑现体系、考评管理体系以及考评反馈体系。

上述八个方面的运行体系构成了一个完整的企业预算考评体系，而支撑这个体系的又有企业的战略体系、价值体系、责任体系、管理组织结构和分配体系等内容。

战略体系决定了企业成功的关键要素，而这些关键要素实际上就是企业在战略执行过程中所要追求的绩效内容。价值体系主要决定的是企业的结果绩效与过程绩效的关系，也就是把企业的发展目标转化为部门的责任绩效目标，然后再把部门的责任绩效目标转化为员工个人的工作绩效目标，使企业的预算目标能够真正落实到各层级责任主体和员工个人的工作中。

责任体系主要决定企业预算指标承担关系，对于企业各层级预算指标，需要有相应的责任主体和责任人来承担并负责管理控制，即预算责任定位。

管理组织结构决定了企业的预算管理结构和预算考评关系，即对各层级责任中心及员工的预算考评由谁来执行，特别是对于集团公司来讲，各层级预算考评体系由谁来制定并管理，是一个需要以法律契约的形式来确定的问题。图9-2是某公司按责任中心设计的利润中心预算考评指标体系示例，供读者参考。

图9-2 利润中心预算考评指标体系示例

2. 预算考评指标体系的设计原则

在企业预算考评体系的设计过程中，考评指标设定是关键的一环。考评指标设定确立了预算考评的内容以及考评的标准，是整个预算考评体系的参照。从更深层次上说，通过预算考评指标的设定，可以影响各预算责任主体和员工对待预算工作的态度，进而起到引导各层级预算责任单位及其员工执行预算行为的作用。也就是说，通过预算考评指标设定，让预算责任单位及员工明白企业对其要求是什么，该如何开展工作和改进工作，以及能够获得何等报酬。因此，从这个意义上说，预算考评指标的设定又是整个预算考评体系的目标和目的，具有战略导向性。

企业预算绩效指标的设计必须符合 SMART 原则：

（1）绩效指标必须是具体的（specific），以保证其明确的牵引性；

（2）绩效指标必须是可衡量的（measurable），即必须有明确的衡量指标；

（3）绩效指标必须是可以达到的（attainable），不能因指标的无法达成而使责任单位及员工产生挫折感，但这并不否定其应具有挑战性；

（4）绩效指标必须是相关的（relevant），它必须与公司的战略目标、部门的任务及职位职责相联系；

（5）绩效指标必须是以时间为基础的（time-based），即必须有明确的时间要求。

3. 预算考评指标体系设计的要求

企业在设计预算考评指标体系时，需要满足科学性、适用性、多样性三个方面的基本要求。

（1）科学性

科学性包括准确性、可靠性和灵敏性。准确性表现在指标的含义和传达的信息明确，能准确与考评目标挂钩；可靠性表现在指标之间相互衔接、彼此一致，不会出现相互矛盾、不相关的情况；灵敏性表现在指标能够很好地区分各层级预算责任单位和员工绩效之间的差异，并对企业所关注的差异做出灵敏的反应。

（2）适用性

适用性包括经济合理性、普遍接受性和操作可行性。经济合理性表现在指标完成情况的信息收集与分析成本是可接受的；普遍接受性表现在指标的设定得到全体或者大多数员工的广泛认同和支持；操作可行性表现在指标的设定使预算考评在操作上简便易行。

（3）多样性

传统的预算以财务指标作为主要的预算指标。但随着社会环境的发展变化，这种单一的财务指标已远远不能满足全面预算管理和绩效评价的要求。市场经济环境条件下的企业管理除了财务指标外，还应考虑各种难以或无法计量的因素，如产品质量、新产品的研发、市场营销、市场份额、交送货质量、客户服务、产能利用程度、设备完好率、设备利用率等非财务指标，这些非财务指标有时会成为绩效评价的决定性因素。从战略管理的角度来看，传统预算着眼于近期的内部规划和行动，以财务指标为核心进行规划、控制、考核、评价，这往往与企业的战略目标相脱节，有时甚至与战略目标背道而驰。为了适应战略管理的需要，预算编制还应反映顾客、竞争对手等战略性因素，以及人力资源管理、技术管理、后勤服务支持等活动。财务指标和非财务指标的综合运用和考虑，必将是今后预算管理及绩效评价的一个重要发展方向。

目前企业实践中使用较多的是关键绩效指标法。许多企业依据自身经营特点，针对某责任中心、部门、具体岗位等设计出了相应的考核指标。

关键绩效指标法

关键绩效指标（KPI）是通过对组织内部流程的输入端、输出端的关键参数进行设置、取样、计算、分析，衡量流程绩效的一种目标式量化管理指标。它是把企业战略目标分解为可操作的工作目标的工具，是企业绩效管理的基础。KPI可以使部门主管明确部门的主要责任，并以此为基础，明确部门人员的业绩衡量指标。建立明确且切实可行的KPI体系，是做好绩效管理工作的关键。关键绩效指标是用于衡量工作人员工作绩效表现的量化指标，是绩效计划的重要组成部分。KPI法符合一个重要的管理原理——"二八原理"。在一个企业的价值创造过程中，存在着"80/20"的规律，即20%的骨干人员创造企业80%的价值；而且，"二八原理"在员工身上同样适用，即80%的工作任务是由20%的关键行为完成的。因此，企业必须抓住这20%的关键行为，并进行分析和衡量，这样就能抓住绩效评价的重心。

9.1.3　基于平衡计分卡的绩效评价

平衡计分卡从财务、流程、客户、学习与成长四方面分析企业的战略和业绩评价系统，把平衡计分卡引入全面预算管理系统，将给预算管理带来重大变化。引入平衡计分卡后的全面预算将具有以下几方面特点。

1. 战略性

基于平衡计分卡的全面预算管理可以把企业战略目标和经营活动有效地结合起来，战略目标是企业在不同时期需要完成的任务，而预算目标又是战略目标的细化和表现形式。不同阶段预算目标的实现构成了阶段性地实现战略目标的基础。基于平衡计分卡的全面预算管理使企业把预算同战略目标联系起来，使单位和个人目标与战略使命保持一致，为管理战略的实施提供了一个框架，同时还使战略本身能根据企业的竞争环境、市场环境和技术环境所发生的变化而不断演变。

2. 目标性

预算管理是对企业经济活动的一种目标管理。企业无论采取何种预算管理模式，都应在分析企业经营目标的前提下确定预算目标，有了明确的预算目标才能保证企业预算管理的方向是正确的。基于平衡计分卡的全面预算管理，就是运用目标管理的方法体系，将目标管理与预算管理进行有机结合。企业制定出总目标后，会层层落实到各责任部门及责任人，然后根据分解后的目标和实现目标的具体措施形成完整、严密的目标连锁体系，企业各个层次都将被纳入目标体系之中，各职能部门、每一位员工的工作都与预算目标紧密相连，将目标完成情况作为对各部门或个人业绩考核的依据。企业总目标通过预算的编制得到细化，而预算的执行为实现企业目标提供了可靠保障，因此基于平衡计分卡的全面预算管理是对企业经济活动的一种目标管理。

3. 全面性

从内容上看，基于平衡计分卡的全面预算管理把企业未来一定时期的各项经营活动以价值形式反映出来，并最终综合为企业的目标，是企业全部经营活动的集合体。它既是由采购、生产、营销、现金流量等单项预算组成的责任指标体系，又是公司整体作战方案，同时也是年终考核奖惩的标准以及激励和约束机制的核心。

4. 平衡性

基于平衡计分卡的全面预算管理实现了财务指标与非财务指标、定量指标与定性指标相结合的企业战略经营绩效评价。财务指标与非财务指标（客户层面、内部经营过程层面和学习与成长层面）的结合，有利于企业全面、正确地评价经营业绩，克服传统指标体系的重财务层面轻非财务层面、重内部因素轻外部因素、重短期轻长期、重事后轻过程等缺点。另外，定量指标与定性指标的结合，有利于克服定量分析的不足。

5. 关联性

根据企业的总体战略，基于平衡计分卡的全面预算管理是由一系列因果链贯穿起来的一个有机整体，因果链布满了平衡计分卡的各个方面。在平衡计分卡四个方面的指标体系中，以财务方面的指标体系为根本，其他指标体系最终为财务指标服务。

基于平衡计分卡的 KPI 指标如表 9-1 所示。

表 9-1　基于平衡计分卡的 KPI 指标

目标	KPI	关键成功要素	作业活动	资源
财务方面	资本收益			
	收入增长			
	成本降低			
客户方面	客户保持率			

目标	KPI	关键成功要素	作业活动	资源
客户方面	客户满意度			
	新市场			
流程方面	客户流程管理			
	工作流程管理			
	流程 E 化率			
学习与成长方面	员工满意度			
	战略认知度			
	产品开发周期			

9.1.4 预算执行情况反馈

企业应每月组织召开预算工作组会议，讨论预算执行中发生的问题，查找问题形成的原因，提出改进措施和建议。

企业财务部门应按月度、季度和年度向预算工作组报送各职能部门的预算执行资料与报表。预算工作组负责汇总上述资料与报表，编制企业全面预算执行情况表并上报总经理办公室审批。

各预算执行单位可按月度、季度和年度分别反馈成本预算、费用预算、利润预算的执行情况，相关报表如表 9-2、表 9-3、表 9-4 所示。

表 9-2 成本预算执行反馈月（季、年）报表

部门：　　　　　　　　　　　　___年__月__日　　　　　　　　　金额单位：万元

项目		本期预算	本期发生额	预算差异	本季累计额	本年累计额
可控成本						
变动成本	直接材料					
	直接人工					
	变动制造费用					
	其他制造费用					
固定成本	固定制造费用					
	其他固定成本					
不可控成本						
成本合计						

表 9-3　费用预算执行反馈月（季、年）报表

部门：　　　　　　　　　　　　　　____年__月__日　　　　　　　　　金额单位：万元

费用项目	本期预算	本期实际	差异额	预算完成率	备注
工资					
福利费					
办公费					
水电费					
差旅费					
业务招待费					
修理费					
……					
合计					

表 9-4　利润预算执行反馈月（季、年）报表

部门：　　　　　　　　　　　　　　____年__月__日　　　　　　　　　金额单位：万元

费用项目	本期预算	本期实际	差异额	预算完成率	备注
销售净额					
变动成本：					
变动生产成本					
变动销售费用					
变动成本合计					
贡献毛益					
固定成本：					
酌量性固定成本					
约束性固定成本					
固定成本合计					
营业利润					
资产平均占用额					
资产周转率					
销售利润率					
投资报酬率					

9.2 全面预算差异分析

对全面预算结果进行考评，可以评价预算执行情况，激励预算执行人。在全面预算结果考评过程中，须同时对预算执行与预算目标之间的差异进行具体分析，通过差异分析找出真正的成因，这一方面可以有针对性地改善差异，另一方面可以使考核更为科学客观。

9.2.1 全面预算差异分析的步骤

全面预算差异分析没有一个固定的程序，不同的行业、不同的企业会有不同的分析步骤。但一般而言，都会包括以下一些主要步骤。

1. 收集相关信息、资料

全面预算差异分析体系中数据繁多，是一项系统性的复杂工作。企业在明确分析预算目的的基础上，要先收集相关的信息、资料。信息收集是一个长期而连续的过程，在预算管理中，整个企业就是一个信息库，预算差异分析所需要的信息并不一定是信息库中所有的内容，而要有所取舍。一般来说，只需要预算编制的结果以及与这些结果对应的实际数据。收集信息的工作是需要全员参与的，但最后的整理汇总工作需要专业人员来完成。

2. 数据对比，确定差异

在预算执行过程中，需要随时记录预算完成情况，并定期编制预算控制报告，将业务实际完成情况与预算目标进行对比，发现对应的项目和数据之间的差异。

3. 分析差异产生的原因

确定预算差异并不是最终目的，最终目的是要找出预算执行过程中存在的问题，以便采取合理适当的措施来改进这些问题，促进企业健康发展。全面预算在执行过程中存在差异是不可避免的，甚至会产生各种各样的差异，而企业不可能对所有差异都进行细致分析，须有针对性地做出取舍，应该着重考察原因不明确的差异和重大差异。

企业在考察与评估差异发生的原因时，应当考虑到以下几点。

（1）差异可能是微不足道的。对于这样的差异，企业不需要花费过多的时间和人力来考察。

（2）差异可能是由记录上的错误所导致的。对于财务部门所提供的预算目标及实际资料，应检查记录上有无错误。实际工作中，仅因一笔会计分录误记到某部门，便可能导致该部门产生不利差异，而使另一部门产生有利差异。

（3）差异可能由某项特定的经营决策所致。这主要指为提高效率或者为应对某些特定紧急事故，管理者临时下达决策而导致的差异。例如，管理者为了应对另一企业挖脚而给员工加薪等。此类差异一旦被识别，便不需要进一步调查，因为在该项决策做出之时就已经确定差异必然会发生。

（4）许多差异可能是由于不可控因素导致的，而这些因素又可以加以辨识，如自然灾害等。

（5）未能查明原因的差异，应予以格外关注，须审慎调查。

4. 提交差异分析报告

预算差异分析完成后，各责任单位要编制预算差异分析报告，并于规定日期上报企业预算管理部门，由预算管理部门形成总预算差异分析报告，以便为整个预算执行过程的动态控制提供资料依据。预算差异分析报告一般包括以下内容：本期预算额、本期实际发生额、本期差异额、累计预算额、累计实际发生额、累计差异额；对差异额进行的分析；产生不利差异的原因、责任归属、改进措施以及形成有利差异的原因和今后进行巩固、推广的建议等。

企业还需要调整相关单位的经营活动和后续期间的预算。也就是说，由内部可控因素引起的不利预算差异，应由对应的责任单位调整其经营活动，消除差异产生的原因，并尽可能在后续月度内消化已形成的预算差异。相应地，预算控制部门对上述责任单位的经营活动要加强预算监督与控制力度。同时，结合相关责任单位为消除不利差异所做的调整，由预算部门对初始编定的后续各期预算进行调整，以保证在完成年度预算的目标下，月度预算能够及时反映经营活动的变化，也便于实施控制与考核。

9.2.2　全面预算差异分析的方法

全面预算差异分析常用的方法有两种，即定性分析法和定量分析法。定性分析法主要是通过直接观察、实地调查、与相关人员座谈等形式达到收集相关资料、了解实际情况、查找原因等目的。定量分析法是通过数据的对比、换算等查找预算差异原因。在实际操作中，使用较广泛的是定量分析法。下面介绍几种预算差异定量分析的具体方法。

1 对比分析法

对比分析法是最基本的预算差异分析法，通过各个指标的数据对比确定差异，主要的作用是揭示客观上存在的差距。在全面预算的差异分析中，一般通过实际数据与预算标准的对比来揭示实际与预算之间的数量关系和差异，分析预算执行过程中存在的问题，为进一步分析原因指明方向。对比分析法主要是指标数据绝对额的比较，如金额的比较、数量的比较等。使用对比分析法要注意对比指标在计算口径、计算基础和时间单位等方面是否一致，否则不具有可比性。

2. 比率分析法

比率分析法通过计算和对比经济指标来进行数量分析，从而确定经济活动的变动程度。它是一种相对数值的比较，即比较前要把分析对比的数值变成相对数，然后再进行对比分析。采用比率分析法时，应当注意以下几点：第一，对比项目的相关性；第二，对比口径的一致性；第三，衡量标准的科学性。

通常采用的比率分析法有相关指标比率分析、构成比率指标分析和动态比率分析。

（1）相关指标比率分析是将两个性质不同但又相关的数据进行对比求出比率，然后再以实际数与预算数进行对比分析，以便从经济活动的客观联系中更深入地认识企业的生产经营情况，如净资产利润率指标等。

（2）构成比率指标分析又称结构比率指标分析，是指某项指标的各组成部分数值占总体数值的百分比，反映部分与总体的关系。如先将构成产品成本的各个成本项目与产品总成本额进行对比，计算其占总成本的权重，确定成本的构成比率；然后将实际构成比率与预算构成比率进行对比，通过观察成本组成结构的变化，找出超标成本和节约成本，并查找原因。

（3）动态比率分析是将不同时期同类指标的数值进行对比，求出比率并作出动态比较，据以分析该项指标的增减变动幅度，从而发现企业在实际经营生产中的问题。

3. 因素分析法

因素分析法是依据分析指标与其影响因素的关系，从数量上确定各因素对分析指标影响方向和影响程度的一种方法。在全面预算的执行过程中，造成实际业绩与预算标准之间差异的因素很多，有的是主要因素，有的是次要因素，为了对各种因素的影响程度进行度量，就需要用到因素分析法。

因素分析法根据计算方法和程序的不同，主要分以下几种。

（1）连环替代法

这种方法将分析指标分解为各个可以计量的因素，并根据各个因素之间的依存关系，顺次用各因素的比较值（实际值）替代基准值（预算值），据以测定各因素对分析指标的影响。在计算中，先以预算数作为计算基础，然后按照公式中所列因素的同一顺序，依次以实际值替代预算值，测定各因素对相关预算指标的影响。

（2）差额分析法

这种方法是连环替代法的一种简化形式，是利用各个因素的比较值与基准值之间的差额，来计算各因素对分析指标的影响。如生产成本中折旧费用增加的原因分析，可以分解为计提折旧的固定资产数量增加和单台固定资产计提折旧额增加两部分，考察两部分对总折旧差额的影响。

（3）指标分解法

这种方法要求将一个综合的指标分解为几个具体的指标，以便分析和查找差异产生的原因。如杜邦财务分析体系将权益净利率分解为销售净利率、总资产周转率和权益乘数三个指标的乘积，将企业总的经营情况向下追溯，以针对不同指标的影响采取不同措施。具体如图 9-3 所示。

图 9-3　基于杜邦财务分析体系的指标分解法

9.2.3　销售收入预算差异分析

1. 销售收入预算差异分析的目的

（1）明确实际销售完成情况与预算目标的不同。

（2）分析企业内外部因素对预算差异的影响。

（3）提供销售收入预算有关人员的相关数据。

2. 销售收入预算差异分析的数据来源

（1）从销售部门取得各个产品的销量、执行的销售价格区间、销售合同的执行情况、业务人员的销售任务完成情况、产品的市场占有率等数据。

（2）从财务部门取得销售部门提供的销售收入日报、周报、年报汇总表，销售折让、退换货情况等资料。

（3）从生产部门及仓储部门取得每月的产成品产量、库存量变动、不合格产品损失汇总表等资料。

3. 销售收入预算差异分析的内容

（1）销售收入预算总差异分析，主要是分析销售价格和销售量的变化对总收入的影响程度，以及各个产成品项目给企业整体毛利率带来的影响，为企业下一步的生产经营决策提供依据。

（2）销售量预算的差异分析，主要是结合产成品生产量和库存量分析销售量差异。销售量预算差异不能简单划分为有利差异和不利差异，特别是生产和库存的差异，如果超过了企业正常的生产和库存能力，不但会对企业的经营不利，还会造成额外的经济负担。对于销售量预算差异，需要根据企业所处的特定行业、自身生产经营情况和所处的经营周期，以及不断变化的各种条件进行综合考虑。

4. 销售收入的计算公式

$$销售收入 = 销售量 \times 销售价格$$
$$销售量 = 当期产量 + 期初存货 - 期末存货$$

实际的销售收入与预算的目标会产生差异，由以上的销售收入计算公式可知造成差异的因素主要有两点，即销售量和销售价格的变化。因此，销售收入预算差异的分析可以分解为销售价格差异和销售量差异，可以用以下公式来表示：

销售收入差异 = 实际销售收入 − 预算销售收入

= 实际销售量 × 实际销售价格 − 预算销售量 × 预算销售价格

= （实际销售量 × 实际销售价格 − 实际销售量 × 预算销售价格）+（实际销售量 × 预算销售价格 − 预算销售量 × 预算销售价格）

= 实际销售量 ×（实际销售价格 − 预算销售价格）+（实际销售量 − 预算销售量）× 预算销售价格

= 销售价格差异 + 销售数量差异

表 9-5 是某公司销售收入预算差异分析，供读者参考。

表 9-5　某公司销售收入预算差异分析

金额单位：元

实际销售收入			预算销售收入			销售收入差异		
单价	数量（吨）	总收入	单价	数量（吨）	总收入	价格差异	数量差异（吨）	总收入差异
199	450	89 550	203	400	81 200	-4	50	8 350

9.2.4　成本费用预算差异分析

成本费用预算差异是实际成本费用与预算成本费用之间的差异。企业确定成本费用预算差异之后，需要对这些差异进行深入细致的分析，以便找到差异产生的原因，为企业不断改进生产技术、提高劳动生产率、降低成本水平提供数据基础。成本费用预算差异分析的内容，按照项目可以分为直接材料差异分析、直接人工差异分析和制造费用差异分析。

1. 成本费用预算差异分析的目的

（1）明确实际总成本与预算目标的不同。

（2）分析各成本费用项目的预算完成情况。

（3）获取成本费用预算有关人员的相关数据。

2. 成本费用预算差异分析的数据来源

如生产制造企业，其直接材料消耗量可以从仓储部门及中控室查询相应的原始数据，也可以从生产部门取得；对于产成品产量，可根据直接材料单耗量去验证原始数据之间的勾稽关系，以确保原始数据的真实性和完整性；可以从行政部、财务部、资产管理部等部门获取辅助性数据信息，如生产车间的设备折旧费和车间管理人员的工资等。

3. 成本费用预算差异分析的内容

（1）直接材料成本差异分析，包括购买价格差异分析、耗用量差异分析和产量差异分析。

（2）直接人工成本差异分析，包括直接人工工资率差异分析、直接生产时间差异分析和辅助生产时间差异分析。

（3）制造费用差异分析，包括车间厂房及生产机器设备折旧差异分析、车间辅助人员工资差异分析、工时计算差异分析、产量差异分析和制造费用分配率差异分析等。

4. 成本费用预算差异分析的措施

（1）对于直接材料价格差异，对外要关注原材料的市场行情及价格变化趋势、建立主要材料供应商及临时供应商的管理机制；对内要制定合理的原材料采购、运输和储存机制，做到内部人员的职责分离。

（2）对于直接材料耗用量差异与非生产耗用量差异，如仓储管理不善造成的损失，由仓储部门负责查找原因；生产耗用量差异由生产部门负责，如合理用料、生产工艺的设定、操作工人的熟练程度和对生产线的监控力度等。

（3）对于人工工资率差异，如果是由最新工艺的开展、新设备的使用、人员变动导致的，则直接反映于工资制度的变化；如果是由其他因素引起的，则应关注工作效率。

（4）对于制造费用分配率差异，在制造费用项目中归集了若干组成部分，包括生产设备的维修保养费用、生产车间固定资产折旧费和车间管理人员的工资等。在制造费用归集中，需要结合各项制造费用子项目的发生额、变动情况、预算完成情况等多方面因素进行调查分析，找出影响制造费用分配率的主要原因并采取相应措施，将差异落实到具体负责的部门。

（5）对于生产产量的差异分析，企业应综合考虑，主要由涉及产品生产的仓储部门、生产部门、检验部门、采购部门和销售部门共同负责。产量差异产生的原因多种多样，解决问题的方式也有所不同，企业在经营管理过程中应做到具体问题具体对待。

5. 成本费用预算差异分析公式

（1）直接材料

直接材料在产品成本中所占的比例一般比较大，在保证产品质量的情况下，高效地利用直接材料、减少浪费，是不断降低产品成本的主要途径。直接材料成本差异是指直接材料实际成本与直接材料预算成本的差额，用公式表示如下：

$$直接材料成本差异 = 直接材料实际成本 - 直接材料预算成本$$

$$= 实际价格 \times 实际单位耗用量 \times 实际产量 - 预算价格 \times 预算单位耗用量 \times 预算产量$$

从上述公式中可以看出，直接材料成本差异主要是由三个方面导致的：一是价格差异，即材料的实际采购价格偏离预算价格；二是用量差异，即材料的实际单位耗用量偏离预算单位耗用量；三是产量差异，即实际产量偏离预算产量。

表 9-6 是某公司直接材料预算差异分析，供读者参考。

表 9-6　某公司直接材料预算差异分析

金额单位：元

实际价格	实际单位耗用量	实际产量	预算价格	预算单位耗用量	预算产量	直接材料实际成本	直接材料预算成本	直接材料成本差异
200	0.56	450	203	0.56	400	50 400	45 472	4 928

（2）直接人工

员工的劳动成本是构成产品成本的重要部分。如何有效调动员工生产的积极性，合理控制人力资本支出是值得企业思考的问题。通过直接人工成本差异分析，将工资率、产品产量和生产时间等因素联系起来，可以为企业考察人工成本的合理性提供依据。直接人工成本差异是指直接人工的实际成本与预算成本之间的差额，用公式表示如下：

$$直接人工成本差异 = 直接人工实际成本 - 直接人工预算成本$$

$$= 实际工资率 \times 实际单位工时 \times 实际产量 - 预算工资率 \times 预算单位工时 \times 预算产量$$

这一差异根据形成的原因不同，可以分为工资率差异、单位工时差异和产量差异三部分。

表 9-7 是某公司直接人工预算差异分析，供读者参考。

表 9-7　某公司直接人工预算差异分析

金额单位：元

实际工资率	实际单位工时	实际产量	预算价格	预算单位工时	预算产量	直接人工实际成本	直接人工预算成本	直接人工成本差异
3.20	36	450	3.30	36	400	51 840	47 520	4 320

（3）制造费用差异分析的过程

企业在产品的生产过程中，除了直接耗用材料和人工成本外，还会发生许多间接用于产品生产的制造费用，如车间厂房的折旧、车间辅助人员的工资等。

制造费用差异可用以下公式表示：

$$制造费用差异 = 实际制造费用 - 预算制造费用$$

$$= 实际制造费用分配率 \times 实际单位工时 \times 实际产量 - 预算制造费用分配率 \times 预算单位工时 \times 预算产量$$

这一差异也可以分为制造费用分配率差异、工时差异和产量差异三部分。

表 9-8 是某公司制造费用预算差异分析，供读者参考。

表 9-8　某公司制造费用预算差异分析

金额单位：元

实际制造费用分配率	实际单位工时	实际产量	预算制造费用分配率	预算单位工时	预算产量	直接制造费用	预算制造费用	直接人工成本差异
1.5	36	450	1.60	36	400	24 300	23 040	1 260

9.2.5　利润预算差异分析

利润是企业在一定期间生产经营活动的最终成果，是衡量企业经营管理水平的综合指标，也是企业实现其理财目标和扩大再生产的重要保证。利润预算差异分析通常可以根据利润表中的顺序进行。

1. 利润预算差异分析的目的

（1）以利润差异反映企业总预算的完成情况。

（2）通过利润差异分析营业收入、营业成本和各项期间费用预算的相关关系。

2. 利润预算差异分析的数据来源

（1）利润预算差异分析的数据涉及企业销售、成本、费用等部门，企业生产经营的相关部门需要将计算利润时需要的数据传递给财务部门。

（2）财务部门负责数据的整理汇总及分析工作。

3. 利润预算差异分析的内容

（1）营业收入差异分析，构成指标为主营业务收入和其他业务收入。

（2）营业利润差异分析，构成指标为主营业务成本、其他业务成本、销售费用、管理费用和财务费用等项目。

（3）利润总额差异分析，构成指标为营业外收入和营业外支出。

（4）净利润差异分析，需要在利润总额差异确定的基础上考虑所得税的影响，企业所得税的计算过程会涉及纳税调整项。

4. 利润预算差异的应对措施

营业利润、利润总额和净利润三个项目具有综合性，均是通过多个项目综合计算得出的。在分析它们的差异时，需要考虑利润预算中各利润项目与非利润项目之间的关系。具体公式如下：

营业利润 = 营业收入 - 营业成本 - 税金及附加 - 销售费用 - 管理费用 - 财务费用 + 投资收益 + 其他收益等

利润总额 = 营业利润 + 营业外收入 - 营业外支出

净利润 = 利润总额 - 所得税

企业在进行利润表科目差异分析时，可以按照以上三个公式将利润项目的差异明确到每一个非利润项目，按照每个项目的相关制度规定找到相应的负责部门并采取适当措施。

第 10 章

ERP 系统下的全面预算管理

10.1　ERP 系统概述

ERP 是企业资源计划（Enterprise Resource Planning）的简称，是指建立在信息技术基础上，集信息技术与先进管理思想于一身，以系统化的管理思想，为企业员工及决策层提供决策手段的管理平台。它从供应链范围去优化企业的资源和现代企业的运行模式，反映市场对企业合理调配资源的要求。在全面预算管理中，ERP 系统的有效应用，可以进一步提升全面预算管理水平与效果。

10.1.1　手工全面预算管理环境中的问题

在实施全面预算管理过程中，企业如何切实落实责任预算、进行责任考核、协调各单位之间的业务计划，是实现企业经营目标的根本保证，也是企业在预算管理层面经常面临的挑战。

脱离信息化的全面预算管理经常会出现如下一些问题。

1. 预算流程相对静态

在没有信息化手段支持的全面预算管理中，预算数据编制、汇总的手工工作量较大，预算管理人员的主要精力都用在数据的收集、检查、审核、汇总等烦琐工作中，工作效率较低。大量低效细节工作使得很多企业的全面预算管理变成了一个相对静态的管理过程，难以满足快速变化的外部市场环境对企业应对速度的要求。预算分析的周期长，滚动预算、弹性预算等预算管理方法易沦为空谈。

2. 控制能力较差

全面预算的制定过程本质上是一个企业有限资源优化配置的过程，但现实情况是，预算确定后，缺乏有效的手段进行预算执行的事前控制，全面预算管理的资源优化配置和控制作用难以发挥，导致预算和实际执行成为互不关联的两张皮。

3. 协作困难

手工全面预算管理环境下，缺乏一个统一的数据共享工作平台。数据缺乏有效的组织，散落在各业务部门，难以有效地组织利用，数据版本容易发生混淆，这些都给企业的全面预算管理带来较大的难度。同时，由于缺乏有效的沟通协调平台，各级部门在预算的申报、审批、下发等管理流程中的横向、纵向沟通效率较低。

10.1.2 建立 ERP 系统的意义

ERP 系统同时是一种可以提供跨地区、跨部门、跨公司整合实时信息的企业管理信息系统。它在企业资源最优化配置的前提下，整合企业所有的经营活动，包括财务会计、管理会计、经营计划及管理、物料管理、销售等企业管理的全部活动，以达到效率化经营的目标。通过构建 ERP 系统，企业可以在目前财务信息系统、购销存业务信息系统的基础上，实现信息系统的整合和跨越式发展及预算管理的信息化，同时达到预算管理与企业管理控制系统整合的目的。

例如，当一项经济业务发生时，ERP 系统能够直接把发生交易的数据传递到相关系统，并实时驱动相应的子系统获取信息，同时通过驱动操作数据子系统的控制器接收数据；预算控制器将计划数与实际数进行比较，进而实现实时的预算控制。

因此，企业在 ERP 快速、高效的信息系统环境下实施全面预算管理，有助于预算信息的及时传递与共享，以及对预算进行即时监控与修正，可以避免一些错误的发生，从而达到全面预算管理的目的。所有这些对提高企业管理水平、降低生产成本、促进先进管理思想在企业中的充分运用和进一步发展都具有重要的现实意义。

10.2 全面预算管理与 ERP 系统的集成关系

全面预算管理和 ERP 系统的集成关系如图 10-1 所示。

图 10-1　全面预算管理和 ERP 系统的集成关系

10.2.1 来源于 ERP 系统的预算数据

1. 全面预算管理的基础数据来源于 ERP 系统

全面预算管理的科目定义要与 ERP 系统的总账子系统中的科目定义保持一致。由于各企业的预算对象及角度不同，为了使系统使用更灵活，企业可根据 ERP 系统中的数据自行定义维度，即每个预算科目的统计对象，比如公司产品、物料、部门、客户、供应商、成本中心、项目、国家、省份、行业、地区以及经手人（销售员、采购员）等。在维度定义中，能够参照 ERP 系统的情况大致有工程数据中的产品定义、部门定义，销售系统中的客户定义，采购系统中的供应商定义，财务系统中的成本中心定义，项目管理系统中的项目管理定义以及工程数据系统中的行业定义、地区定义、国家定义、省份定义等。

2. 编制预算过程中需要参照的实际发生数据来源于 ERP 系统

ERP 系统可以提供企业历年销售记录、成本定额、生产数量、人工成本、材料耗用、库存产品销售回款以及预算偏差等信息，为预算启动和编制提供信息支持。

3. 预算数据应用于 ERP 系统的业务数据控制

全面预算管理系统得到的预算数据能够体现在物流、生产、财务系统中，以此来控制业务的资金支出。ERP 系统通过业务发生的数据占预算科目数据的比例，来表明企业完成预算的情况，对于要控制的成本费用，能够及时查明实际与预算的比例，从而进行资金支出的业务控制。

4. 预算分析需要的实际发生数据来源于 ERP 系统

企业原来的物流、生产、财务系统的数据能够作为预算分析的参照。通过将预算科目的维度配置得到的预算数据与 ERP 系统中的各财务科目的明细数据汇总相比较，能够查明影响预算与实际之间差异的原因。例如，通过销售预算差异分析能够查明差异是产生在销售量、销售价格、产品、区域上，还是产生在时间段上。

10.2.2　ERP 系统在全面预算管理中的应用

ERP 系统有开放的软件，并体现一种管理思想，是企业进行现代化管理的重要手段。在企业中实施 ERP 系统或全面预算管理都是为了达到企业资源的优化配置。ERP 系统很重要的一部分就是全面预算，因此通过实施 ERP 系统来实现企业全面预算管理是可行的。

1. ERP 系统管理工具的内容

ERP 系统是进行全面预算管理的一项重要工具，通常包括六个方面的内容。

（1）制订销售计划，即输入历史数据，利用销售模型预测下一季度的销售量。

（2）预测产品价格，即根据企业的计划和定价策略，利用 ERP 系统进行价格预测。

（3）计算产品成本，即根据销售计划，结合产品工艺原料单，计算单位产品的成本，并分析成本组成部分，找出可以节约的资源。

（4）预测间接费用，即在原材料、直接人工之外的生产部门资金使用，以及财务、销售、管理部门资金使用的基础上进行间接费用的预算。

（5）通过分析找出问题，并对相关部门进行控制。主要是把各个部门的预算进行整合，找出实际利润和预计利润之间的差距，进一步修改调整。

（6）预算的修改。

2. 全面预算管理中 ERP 系统的实施要点

首先，企业开展全面预算管理的数据基础是 ERP 系统。ERP 系统用来记录企业发生的各项活动以及相关的财务数据。全面预算管理可以根据这些基础数据（比如 ERP 系统中的数据流程图，各个工艺所用的时间、费用和工艺路线等）进行分析比较，并对分析结果进行研究，建立合理的防范措施，降低企业成本。

其次，企业可以采用 ERP 系统提供的预算编制表来制定详细的全面预算预测表。例如，利用 ERP 系统制定销售预测表。第一步，记下并输入企业过去时间段某市场的销售数据；第二步，采用 ERP 系统内部的预测模型或建立新的预测模型，自动预测下季度的销售量；第三步，根据销售实际的情况对预测的模型进行必要调整；第四步，做到时时监控，根据实际销售数据和预测数据进行对比，分析原因，减少不必要的成本，最终达到提升企业效益的目的；第五步，ERP 系统在全面预算中的应用还可以做到将每一次调整的计划置于该计划层面之下，便于全面预算的分析和管理。

最后，要对实施单位的操作人员进行培训。ERP 系统的实施离不开专业人员的工作，企业需要引进懂技术、会操作的专业人才。企业除了向外界招聘懂技术的专业人才，同时还要加强对内部人员的培训，这样才能使 ERP 系统在全面预算管理中顺利实施。

3. 全面预算管理中 ERP 系统应用的关键

（1）建立成熟的组织架构

良好的承载环境才能促进新事物的发展，企业进行全面预算管理的基础和支撑就是要构建全面预算管理组织架构，对此企业必须为 ERP 系统的应用配备良好的资源。企业应成立专门的实施小组，保证每个成员对自己负责的工作都能胜任，同时保证企业管理层和骨干业务人员的参与，以确保全面预算管理的顺利实施。

（2）重视员工培训

在 ERP 系统的实施中，要有正确适当的员工培训计划，以确保员工在今后的工作中能够熟练运用该系统。企业可以从外部聘请专业人员对员工进行培训。

（3）明确责任

在新的制度和技术实施中，企业会经历一段盲目期。在新旧交替时期，大家对自己的职责会产生一定的模糊印象。因此，每个员工只有在过程中明确自己的职责和任务，才能对工作负责。例如，参与预算的员工要对自己提交的预算数据负责，以保证进行预算控制管理的前提是正确的。企业要鼓励员工积极参与全面预算管理，多听取一线执行人员反馈的意见。企业只有让员工参与进来，才能更好地实施全面预算。

（4）强化分析与控制

实行全面预算管理很重要的一点就是当预测与实际数据不符时能及时地进行分析，从而找出其中的问题。企业只有找出问题的根源，才能实施有效的内部控制，减少不必要的成本，进而实现企业经营管理的不断优化，提升企业绩效。

附录1 企业内部控制应用指引第15号——全面预算

第一章 总则

第一条 为了促进企业实现发展战略，发挥全面预算管理作用，根据有关法律法规和《企业内部控制基本规范》，制定本指引。

第二条 本指引所称全面预算，是指企业对一定期间经营活动、投资活动、财务活动等作出的预算安排。

第三条 企业实行全面预算管理，至少应当关注下列风险：

（一）不编制预算或预算不健全，可能导致企业经营缺乏约束或盲目经营。

（二）预算目标不合理、编制不科学，可能导致企业资源浪费或发展战略难以实现。

（三）预算缺乏刚性、执行不力、考核不严，可能导致预算管理流于形式。

第四条 企业应当加强全面预算工作的组织领导，明确预算管理体制以及各预算执行单位的职责权限、授权批准程序和工作协调机制。

企业应当设立预算管理委员会履行全面预算管理职责，其成员由企业负责人及内部相关部门负责人组成。

预算管理委员会主要负责拟定预算目标和预算政策，制定预算管理的具体措施和办法，组织编制、平衡预算草案，下达经批准的预算，协调解决预算编制和执行中的问题，考核预算执行情况，督促完成预算目标。预算管理委员会下设预算管理工作机构，由其履行日常管理职责。预算管理工作机构一般设在财会部门。

总会计师或分管会计工作的负责人应当协助企业负责人负责企业全面预算管理工作的组织领导。

第二章 预算编制

第五条 企业应当建立和完善预算编制工作制度，明确编制依据、编制程序、编制方法等内容，确保预算编制依据合理、程序适当、方法科学，避免预算指标过高或过低。

企业应当在预算年度开始前完成全面预算草案的编制工作。

第六条 企业应当根据发展战略和年度生产经营计划，综合考虑预算期内经济政策、市场环境等因素，按照上下结合、分级编制、逐级汇总的程序，编制年度全面预算。

企业可以选择或综合运用固定预算、弹性预算、滚动预算等方法编制预算。

第七条 企业预算管理委员会应当对预算管理工作机构在综合平衡基础上提交的预算

方案进行研究论证，从企业发展全局角度提出建议，形成全面预算草案，并提交董事会。

第八条　企业董事会审核全面预算草案，应当重点关注预算科学性和可行性，确保全面预算与企业发展战略、年度生产经营计划相协调。

企业全面预算应当按照相关法律法规及企业章程的规定报经审议批准。批准后，应当以文件形式下达执行。

第三章　预算执行

第九条　企业应当加强对预算执行的管理，明确预算指标分解方式、预算执行审批权限和要求、预算执行情况报告等，落实预算执行责任制，确保预算刚性，严格预算执行。

第十条　企业全面预算一经批准下达，各预算执行单位应当认真组织实施，将预算指标层层分解，从横向和纵向落实到内部各部门、各环节和各岗位，形成全方位的预算执行责任体系。

企业应当以年度预算作为组织、协调各项生产经营活动的基本依据，将年度预算细分为季度、月度预算，通过实施分期预算控制，实现年度预算目标。

第十一条　企业应当根据全面预算管理要求，组织各项生产经营活动和投融资活动，严格预算执行和控制。

企业应当加强资金收付业务的预算控制，及时组织资金收入，严格控制资金支付，调节资金收付平衡，防范支付风险。对于超预算或预算外的资金支付，应当实行严格的审批制度。

企业办理采购与付款、销售与收款、成本费用、工程项目、对外投融资、研究与开发、信息系统、人力资源、安全环保、资产购置与维护等业务和事项，均应符合预算要求。涉及生产过程和成本费用的，还应执行相关计划、定额、定率标准。

对于工程项目、对外投融资等重大预算项目，企业应当密切跟踪其实施进度和完成情况，实行严格监控。

第十二条　企业预算管理工作机构应当加强与各预算执行单位的沟通，运用财务信息和其他相关资料监控预算执行情况，采用恰当方式及时向决策机构和各预算执行单位报告、反馈预算执行进度、执行差异及其对预算目标的影响，促进企业全面预算目标的实现。

第十三条　企业预算管理工作机构和各预算执行单位应当建立预算执行情况分析制度，定期召开预算执行分析会议，通报预算执行情况，研究、解决预算执行中存在的问题，提出改进措施。

企业分析预算执行情况，应当充分收集有关财务、业务、市场、技术、政策、法律等方面的信息资料，根据不同情况分别采用比率分析、比较分析、因素分析等方法，从定量与定性两个层面充分反映预算执行单位的现状、发展趋势及其存在的潜力。

第十四条　企业批准下达的预算应当保持稳定，不得随意调整。由于市场环境、国家政策或不可抗力等客观因素，导致预算执行发生重大差异确需调整预算的，应当履行严格的审批程序。

第四章　预算考核

第十五条　企业应当建立严格的预算执行考核制度，对各预算执行单位和个人进行考核，切实做到有奖有惩、奖惩分明。

第十六条　企业预算管理委员会应当定期组织预算执行情况考核，将各预算执行单位负责人签字上报的预算执行报告和已掌握的动态监控信息进行核对，确认各执行单位预算完成情况。必要时，实行预算执行情况内部审计制度。

第十七条　企业预算执行情况考核工作，应当坚持公开、公平、公正的原则，考核过程及结果应有完整的记录。

附录2 财政部会计司解读《企业内部控制应用指引第15号——全面预算》

全面预算是指企业对一定期间的经营活动、投资活动、财务活动等作出的预算安排。全面预算作为一种全方位、全过程、全员参与编制与实施的预算管理模式，凭借其计划、协调、控制、激励、评价等综合管理功能，整合和优化配置企业资源，提升企业运行效率，成为促进实现企业发展战略的重要抓手。正如美国著名管理学家戴维·奥利所指出的那样：全面预算管理是为数不多的几个能把组织的所有关键问题融合于一个体系之中的管理控制方法之一。制定和实施《企业内部控制应用指引第15号——全面预算》，旨在引导和规范企业加强全面预算管理各环节的风险管控，促进全面预算管理在推动企业实现发展战略过程中发挥积极作用。本文就此进行解读。

一、如何正确认识和理解全面预算

正确认识和理解全面预算的内涵、本质及作用，应当把握以下几个方面。

（一）全方位、全过程、全员参与编制与实施的预算管理模式

全面预算的"全方位"，体现在企业的一切经济活动，包括经营、投资、财务等各项活动，以及企业的人、财、物各个方面，供、产、销各个环节，都必须纳入预算管理。因此，全面预算是由经营预算（也称业务预算）、投资预算、筹资预算、财务预算等一系列预算组成的相互衔接和勾稽的综合预算体系。全面预算的"全过程"，体现在企业组织各项经济活动的事前、事中和事后都必须纳入预算管理，即全面预算不仅限于预算编制、分解和下达，而是由预算编制、执行、分析、调整、考核、奖惩等一系列环节所组成的管理活动。全面预算的"全员"参与，指企业内部各部门、各单位、各岗位，上至最高负责人，下至各部门负责人、各岗位员工都必须参与预算编制与实施。

（二）企业实施内部控制、防范风险的重要手段和措施

全面预算的本质是企业内部管理控制的一项工具，即预算本身不是最终目标，而是为实现企业目标所采用的管理与控制手段，从而有效控制企业风险。全面预算的制定和实施过程，就是企业不断用量化的工具，使自身所处的经营环境与拥有的资源和企业的发展目标保持动态平衡的过程，也是企业在此过程中所面临的各种风险的识别、预测、评估与控制过程。因此，《企业内部控制基本规范》将预算控制列为重要的控制活动和风险控制措施。

（三）企业实现发展战略和年度经营目标的有效方法和工具

"三分战略、七分执行"，企业战略制定得再好，如果得不到有效实施，终不能将美好蓝图和"愿景"转变为现实，甚至可能因实际运营背离战略目标而导致经营失败。通过实施全面预算，将根据发展战略制定的年度经营目标进行分解、落实，可以使企业的长期战略规划和年度具体行动方案紧密结合，从而实现"化战略为行动"，确保企业发展目标的实现。《企业内部控制应用指引第 2 号——发展战略》中明确规定企业应当编制全面预算。

（四）有利于企业优化资源配置、提高经济效益

全面预算是为数不多的能够将企业的资金流、实物流、业务流、信息流、人力流等相整合的管理控制方法之一。全面预算以经营目标为起点，以提高投入产出比为目的，其编制和执行过程就是将企业有限的资源加以整合，协调分配到能够提高企业经营效率效果的业务、活动、环节中去，从而实现企业资源的优化配置，增强资源的价值创造能力，提高企业经济效益。

（五）有利于实现制约和激励

全面预算可以将企业各层级之间、各部门之间、各责任单位之间等内部权、责、利关系予以规范化、明细化、具体化、可度量化，从而实现出资者对经营者的有效制约，以及经营者对企业经营活动、企业员工的有效计划、控制和管理。通过全面预算的编制，企业可以规范内部各个利益主体对企业具体的约定投入、约定效果及相应的约定利益；通过全面预算执行及监控，可以真实反馈内部各个利益主体的实际投入及其对企业的影响并加以制约；通过全面预算执行结果的考核，可以检查契约的履行情况并实施相应的奖惩，从而调动和激励员工的积极性，最终实现企业目标。

二、全面预算的组织

全面预算组织领导与运行体制健全，是防止预算管理松散、随意，预算编制、执行、考核等各环节流于形式，预算管理的作用得不到有效发挥的关键。为此，全面预算指引提出了明确的控制要求，即：企业应当加强全面预算工作的组织领导，明确预算管理体制以及各预算执行单位的职责权限、授权批准程序和工作协调机制。

（一）健全预算管理体制

企业设置全面预算管理体制，应遵循合法科学、高效有力、经济适度、全面系统、权责明确等基本原则，一般具备全面预算管理决策机构、工作机构和执行单位三个层次的基本架构。

1. 全面预算管理决策机构——预算管理委员会

企业应当设立预算管理委员会，作为专门履行全面预算管理职责的决策机构。预算管理委员会成员由企业负责人及内部相关部门负责人组成，总会计师或分管会计工作的负责人应当协助企业负责人负责企业全面预算管理工作的组织领导。具体而言，预算管理委员

会一般由企业负责人（董事长或总经理）任主任，总会计师（或财务总监、分管财会工作的副总经理）任副主任，其成员一般还包括各副总经理、主要职能部门（财务、战略发展、生产、销售、投资、人力资源等部门）、分（子）公司负责人等。

预算管理委员会的主要职责一般是：（1）制定颁布企业全面预算管理制度，包括预算管理的政策、措施、办法、要求等；（2）根据企业战略规划和年度经营目标，拟定预算目标，并确定预算目标分解方案、预算编制方法和程序；（3）组织编制、综合平衡预算草案；（4）下达经批准的正式年度预算；（5）协调解决预算编制和执行中的重大问题；（6）审议预算调整方案，依据授权进行审批；（7）审议预算考核和奖惩方案；（8）对企业全面预算总的执行情况进行考核；（9）其他全面预算管理事宜。

2. 全面预算管理工作机构

由于预算管理委员会一般为非常设机构，企业应当在该委员会下设立预算管理工作机构，由其履行预算管理委员会的日常管理职责。预算管理工作机构一般设在财会部门，其主任一般由总会计师（或财务总监、分管财会工作的副总经理）兼任，工作人员除了财务部门人员外，还应有计划、人力资源、生产、销售、研发等业务部门人员参加。

预算管理工作机构的主要职责一般是：（1）拟订企业各项全面预算管理制度，并负责检查落实预算管理制度的执行；（2）拟定年度预算总目标分解方案及有关预算编制程序、方法的草案，报预算管理委员会审定；（3）组织和指导各级预算单位开展预算编制工作；（4）预审各预算单位的预算初稿，进行综合平衡，并提出修改意见和建议；（5）汇总编制企业全面预算草案，提交预算管理委员会审查；（6）跟踪、监控企业预算执行情况；（7）定期汇总、分析各预算单位预算执行情况，并向预算管理委员会提交预算执行分析报告，为委员会进一步采取行动拟定建议方案；（8）接受各预算单位的预算调整申请，根据企业预算管理制度进行审查，集中制定年度预算调整方案，报预算管理委员会审议；（9）协调解决企业预算编制和执行中的有关问题；（10）提出预算考核和奖惩方案，报预算管理委员会审议；（11）组织开展对企业二级预算执行单位 [企业内部各职能部门、所属分（子）企业等，下同] 预算执行情况的考核，提出考核结果和奖惩建议，报预算管理委员会审议；（12）预算管理委员会授权的其他工作。

3. 全面预算执行单位

全面预算执行单位是指根据其在企业预算总目标实现过程中的作用和职责划分的，承担一定经济责任，并享有相应权利和利益的企业内部单位，包括企业内部各职能部门、所属分（子）企业等。企业内部预算责任单位的划分应当遵循分级分层、权责利相结合、责任可控、目标一致的原则，并与企业的组织机构设置相适应。根据权责范围，企业内部预算责任单位可以分为投资中心、利润中心、成本中心、费用中心和收入中心。预算执行单位在预算管理部门（指预算管理委员会及其工作机构，下同）的指导下，组织开展本部门或本企业全面预算的编制工作，严格执行批准下达的预算。

各预算执行单位的主要职责一般是：（1）提供编制预算的各项基础资料；（2）负责本单位全面预算的编制和上报工作；（3）将本单位预算指标层层分解，落实到各部门、各环节和各岗位；（4）严格执行经批准的预算，监督检查本单位预算执行情况；（5）及时分析、报告本单位的预算执行情况，解决预算执行中的问题；（6）根据内外部环境变化及企业预算管理制度，提出预算调整申请；（7）组织实施本单位内部的预算考核和奖惩工作；（8）配合预算管理部门做好企业总预算的综合平衡、执行监控、考核奖惩等工作；（9）执行预算管理部门下达的其他预算管理任务。

各预算执行单位负责人应当对本单位预算的执行结果负责。

企业全面预算管理组织体系的基本架构如图 1 所示。

图 1 全面预算管理组织体系基本架构图

（二）明确各环节授权批准程序和工作协调机制

在建立健全全面预算管理体制的基础上，企业应当进一步梳理、制定预算管理工作流程，按照不相容职务相互分离的原则细化各部门、各岗位在预算管理体系中的职责、分工与权限，明确预算编制、执行、分析、调整、考核各环节的授权批准制度与程序。预算管理工作各环节的不相容岗位一般包括预算编制与预算审批、预算审批与预算执行、预算执行与预算考核。

在全面预算管理各个环节中，预算管理部门主要起决策、组织、领导、协调、平衡的作用。企业可以根据自身的组织结构、业务特点和管理需要，责成内部生产、市场、投资、技术、人力资源等各预算归口管理部门负责所归口管理预算的编制、执行监控、分析等工作，并配合预算管理部门做好企业总预算综合平衡、执行监控、分析、考核等工作。

三、全面预算基本业务流程

企业全面预算业务的基本流程一般包括预算编制、预算执行和预算考核三个阶段。其中，预算编制阶段包括预算编制、预算审批、预算下达等具体环节；预算执行阶段涉及预算指标分解和责任落实、预算执行控制、预算分析、预算调整等具体环节。这些业务环节相互关联、相互作用、相互衔接，周而复始地循环，从而实现对企业全面经济活动的控制。图2列示了各类企业全面预算的基本业务流程。

如前所述，全面预算是企业加强内部控制、实现发展战略的重要工具和手段，但同时也是企业内部控制的对象。企业应当参照图2的基本流程，结合自身情况及管理要求，制定具体的全面预算业务流程。

图2　全面预算基本业务流程图

四、预算流程主要业务风险及控制措施

（一）预算编制

预算编制是企业实施全面预算管理的起点。预算编制环节的主要风险有六种。第一，预算编制以财务部门为主，业务部门参与度较低，可能导致预算编制不合理，预算管理责、权、利不匹配；预算编制范围和项目不全面，各个预算之间缺乏整合，可能导致全面预算难以形成。第二，预算编制所依据的相关信息不足，可能导致预算目标与战略规划、经营计划、市场环境、企业实际等相脱离；预算编制基础数据不足，可能导致预算编制准确率降低。第三，预算编制程序不规范，横向、纵向信息沟通不畅，可能导致预算目标缺乏准确性、合理性和可行性。第四，预算编制方法选择不当，或强调采用单一的方法，可能导致预算目标缺乏科学性和可行性。第五，预算目标及指标体系设计不完整、不合理、不科学，可能导致预算管理在实现发展战略和经营目标、促进绩效考评等方面的功能难以有效发挥。第六，编制预算的时间太早或太晚，可能导致预算准确性不高，或影响预算的执行。

主要控制措施如下。

第一，全面性控制。一是明确企业各个部门、单位的预算编制责任，使企业各个部门、单位的业务活动全部纳入预算管理；二是将企业经营、投资、财务等各项经济活动的各个方面、各个环节都纳入预算编制范围，形成由经营预算、投资预算、筹资预算、财务预算等一系列预算组成的相互衔接和勾稽的综合预算体系。

第二，编制依据和基础控制。一是制定明确的战略规划，并依据战略规划制定年度经营目标和计划，作为制定预算目标的首要依据，确保预算编制真正成为战略规划和年度经营计划的年度具体行动方案；二是深入开展企业外部环境的调研和预测，包括对企业预算期内客户需求、同行业发展等市场环境的调研，以及宏观经济政策等社会环境的调研，确保预算编制以市场预测为依据，与市场、社会环境相适应；三是深入分析企业上一期间的预算执行情况，充分预计预算期内企业资源状况、生产能力、技术水平等自身环境的变化，确保预算编制符合企业生产经营活动的客观实际；四是重视和加强预算编制基础管理工作，包括历史资料记录、定额制定与管理、标准化工作、会计核算等，确保预算编制以可靠、翔实、完整的基础数据为依据。

第三，编制程序控制。企业应当按照上下结合、分级编制、逐级汇总的程序，编制年度全面预算。其基本步骤及其控制为：一是建立系统的指标分解体系，并在与各预算责任中心进行充分沟通的基础上分解下达初步预算目标；二是各预算责任中心按照下达的预算目标和预算政策，结合自身特点以及预测的执行条件，认真测算并提出本责任中心的预算草案，逐级汇总上报预算管理工作机构；三是预算管理工作机构进行充分协调、沟通，审查平衡预算草案；四是预算管理委员会应当对预算管理工作机构在综合平衡基础上提交的

预算方案进行研究论证，从企业发展全局角度提出进一步调整、修改的建议，形成企业年度全面预算草案，提交董事会；五是董事会审核全面预算草案，确保全面预算与企业发展战略、年度生产经营计划相协调。

第四，编制方法控制。企业应当本着遵循经济活动规律，充分考虑符合企业自身经济业务特点、基础数据管理水平、生产经营周期和管理需要的原则，选择或综合运用固定预算、弹性预算、滚动预算等方法编制预算。

第五，预算目标及指标体系设计控制。一是按照"财务指标为主体、非财务指标为补充"的原则设计预算指标体系；二是将企业的战略规划、经营目标体现在预算指标体系中；三是将企业产、供、销、投融资等各项活动的各个环节、各个方面的内容都纳入预算指标体系；四是将预算指标体系与绩效评价指标协调一致；五是按照各责任中心在工作性质、权责范围、业务活动特点等方面的不同，设计不同或各有侧重的预算指标体系。

第六，预算编制时间控制。企业可以根据自身规模大小、组织结构和产品结构的复杂性、预算编制工具和熟练程度、全面预算开展的深度和广度等因素，确定合适的全面预算编制时间，并应当在预算年度开始前完成全面预算草案的编制工作。

（二）预算审批

预算审批环节的主要风险是：全面预算未经适当审批或超越授权审批，可能导致预算权威性不够、执行不力，或可能因重大差错、舞弊而导致损失。

主要控制措施：企业全面预算应当按照《公司法》等相关法律法规及企业章程的规定报经审议批准。

（三）预算下达

预算下达环节的主要风险是：全面预算下达不力，可能导致预算执行或考核无据可查。

主要控制措施：企业全面预算经审议批准后应及时以文件形式下达执行。

（四）预算指标分解和责任落实

该环节的主要风险是：预算指标分解不够详细、具体，可能导致企业的某些岗位和环节缺乏预算执行和控制依据；预算指标分解与业绩考核体系不匹配，可能导致预算执行不力；预算责任体系缺失或不健全，可能导致预算责任无法落实，预算缺乏强制性与严肃性；预算责任与执行单位或个人的控制能力不匹配，可能导致预算目标难以实现。

主要控制措施如下。

第一，企业全面预算一经批准下达，各预算执行单位应当认真组织实施，将预算指标层层分解，横向将预算指标分解为若干相互关联的因素，寻找影响预算目标的关键因素并加以控制；纵向将各项预算指标层层分解落实到最终的岗位和个人，明确责任部门和最终责任人；时间上将年度预算指标分解细化为季度、月度预算，通过实施分期预算控制，实现年度预算目标。

第二，建立预算执行责任制度，对照已确定的责任指标，定期或不定期地对相关部门及人员责任指标完成情况进行检查，实施考评。可以通过签订预算目标责任书等形式明确各预算执行部门的预算责任。

第三，分解预算指标和建立预算执行责任制应当遵循定量化、全局性、可控性原则。即：预算指标的分解要明确、具体，便于执行和考核；预算指标的分解要有利于企业经营总目标的实现；赋予责任部门和责任人的预算指标应当是通过该责任部门或责任人的努力可以达到的，责任部门或责任人以其责权范围为限，对预算指标负责。

（五）预算执行控制

预算执行控制环节的主要风险是：缺乏严格的预算执行授权审批制度，可能导致预算执行随意；预算审批权限及程序混乱，可能导致越权审批、重复审批，降低预算执行效率和严肃性；预算执行过程中缺乏有效监控，可能导致预算执行不力，预算目标难以实现；缺乏健全有效的预算反馈和报告体系，可能导致预算执行情况不能及时反馈和沟通，预算差异得不到及时分析，预算监控难以发挥作用。

主要控制措施如下。

第一，加强资金收付业务的预算控制，及时组织资金收入，严格控制资金支付，调节资金收付平衡，防范支付风险。

第二，严格资金支付业务的审批控制，及时制止不符合预算目标的经济行为，确保各项业务和活动都在授权的范围内运行。企业应当就涉及资金支付的预算内事项、超预算事项、预算外事项建立规范的授权批准制度和程序，避免越权审批、违规审批、重复审批现象的发生。对于预算内非常规或金额重大事项，应经过较高的授权批准层（如总经理）审批。对于超预算或预算外事项，应当实行严格、特殊的审批程序，一般须报经总经理办公会或类似权力机构审批；金额重大的，还应报经预算管理委员会或董事会审批。预算执行单位提出超预算或预算外资金支付申请，应当提供有关发生超预算或预算外支付的原因、依据、金额测算等资料。

第三，建立预算执行实时监控制度，及时发现和纠正预算执行中的偏差。确保企业办理采购与付款、销售与收款、成本费用、工程项目、对外投融资、研究与开发、信息系统、人力资源、安全环保、资产购置与维护等各项业务和事项，均符合预算要求；对于涉及生产过程和成本费用的，还应严格执行相关计划、定额、定率标准。

第四，建立重大预算项目特别关注制度。对于工程项目、对外投融资等重大预算项目，企业应当密切跟踪其实施进度和完成情况，实行严格监控。对于重大的关键性预算指标，也要密切跟踪、检查。

第五，建立预算执行情况预警机制，科学选择预警指标，合理确定预警范围，及时发出预警信号，积极采取应对措施。有条件的企业，应当推进和实施预算管理的信息化，通过现代电子信息技术手段控制和监控预算执行，提高预警与应对水平。

第六，建立健全预算执行情况内部反馈和报告制度，确保预算执行信息传输及时、畅通、有效。预算管理工作机构应当加强与各预算执行单位的沟通，运用财务信息和其他相关资料监控预算执行情况，采用恰当方式及时向预算管理委员会和各预算执行单位报告、反馈预算执行进度、执行差异及其对预算目标的影响，促进企业全面预算目标的实现。

（六）预算分析

预算分析环节的主要风险是：预算分析不正确、不科学、不及时，可能削弱预算执行控制的效果，或可能导致预算考评不客观、不公平；对预算差异原因的解决措施不得力，可能导致预算分析形同虚设。

主要控制措施如下。

第一，企业预算管理工作机构和各预算执行单位应当建立预算执行情况分析制度，定期召开预算执行分析会议，通报预算执行情况，研究、解决预算执行中存在的问题，认真分析原因，提出改进措施。

第二，企业应当加强对预算分析流程和方法的控制，确保预算分析结果准确、合理。预算分析流程一般包括确定分析对象、收集资料、确定差异及分析原因、提出措施及反馈报告等环节。企业分析预算执行情况，应当充分收集有关财务、业务、市场、技术、政策、法律等方面的信息资料，根据不同情况分别采用比率分析、比较分析、因素分析等方法，从定量与定性两个层面充分反映预算执行单位的现状、发展趋势及其存在的潜力。

第三，企业应当采取恰当措施处理预算执行偏差。企业应针对造成预算差异的不同原因采取不同的处理措施：因内部执行导致的预算差异，应分清责任归属，与预算考评和奖惩挂钩，并将责任单位或责任人的改进措施的实际执行效果纳入业绩考核；因外部环境变化导致的预算差异，应分析该变化是否长期影响企业发展战略的实施，并作为下期预算编制的影响因素。

（七）预算调整

预算调整环节的主要风险是：预算调整依据不充分、方案不合理、审批程序不严格，可能导致预算调整随意、频繁，预算失去严肃性和"硬约束"。

主要控制措施如下。

第一，明确预算调整条件。由于市场环境、国家政策或不可抗力等客观因素，导致预算执行发生重大差异确需调整预算的，应当履行严格的审批程序。企业应当在有关预算管理制度中明确规定预算调整的条件。

第二，强化预算调整原则。一是预算调整应当符合企业发展战略、年度经营目标和现实状况，重点放在预算执行中出现的重要的、非正常的、不符合常规的关键性差异方面；二是预算调整方案应当客观、合理、可行，在经济上能够实现最优化；三是预算调整应当谨慎，调整频率应予以严格控制，年度调整次数应尽量少。

第三，规范预算调整程序，严格审批。调整预算一般由预算执行单位逐级向预算管理委员会提出书面申请，详细说明预算调整理由、调整建议方案、调整前后预算指标的比较、调整后预算指标可能对企业预算总目标的影响等内容。预算管理工作机构应当对预算执行单位提交的预算调整报告进行审核分析，集中编制企业年度预算调整方案，提交预算管理委员会。预算管理委员会应当对年度预算调整方案进行审议，根据预算调整事项性质或预算调整金额的不同，根据授权进行审批，或提交原预算审批机构审议批准，然后下达执行。企业预算管理委员会或董事会审批预算调整方案时，应当依据预算调整条件，并考虑预算调整原则严格把关，对于不符合预算调整条件的，坚决予以否决；对于预算调整方案欠妥的，应当协调有关部门和单位研究改进方案，并责成预算管理工作机构予以修改后再履行审批程序。

（八）预算考核

预算考核环节的主要风险是：预算考核不严格、不合理、不到位，可能导致预算目标难以实现、预算管理流于形式。其中，预算考核是否合理受到考核主体和对象的界定是否合理、考核指标是否科学、考核过程是否公开透明、考核结果是否客观公正、奖惩措施是否公平合理且能够落实等因素的影响。

主要控制措施如下。

第一，建立健全预算执行考核制度。一是建立严格的预算执行考核制度，对各预算执行单位和个人进行考核，将预算目标执行情况纳入考核和奖惩范围，切实做到有奖有惩、奖惩分明。二是制定有关预算执行考核的制度或办法，并认真、严格地组织实施。三是定期组织实施预算考核，预算考核的周期一般应当与年度预算细分周期相一致，即一般按照月度、季度实施考评，预算年度结束后再进行年度总考核。

第二，合理界定预算考核主体和考核对象。预算考核主体分为两个层次：预算管理委员会和内部各级预算责任单位。预算考核对象为企业内部各级预算责任单位和相关个人。界定预算考核主体和考核对象应当主要遵循以下原则：一是上级考核下级原则，即由上级预算责任单位对下级预算责任单位实施考核；二是逐级考核原则，即由预算执行单位的直接上级对其进行考核，间接上级不能隔级考核间接下级，三是预算执行与预算考核相互分离原则，即预算执行单位的预算考核应由其直接上级部门来进行，而绝不能自己考核自己。

第三，科学设计预算考核指标体系。应主要把握以下原则：预算考核指标要以各责任中心承担的预算指标为主，同时本着相关性原则，增加一些全局性的预算指标和与其关系密切的相关责任中心的预算指标；考核指标应以定量指标为主，同时根据实际情况辅之以适当的定性指标；考核指标应当具有可控性、可达到性和明晰性。

第四，按照公开、公平、公正原则实施预算考核。一是考核程序、标准、结果要公开。企业应当将全面预算考核程序、考核标准、奖惩办法、考核结果等及时公开。二是考核结果要客观公正。预算考核应当以客观事实作为依据。预算执行单位上报的预算执行报告是预算考核的基本依据，应当经本单位负责人签章确认。企业预算管理委员会及其工作机构定期组织预算执行情况考核时，应当将各预算执行单位负责人签字上报的预算执行报告和已掌握的动态监控信息进行核对，确认各执行单位预算完成情况。必要时，实行预算执行情况内部审计制度。三是奖惩措施要公平合理并得以及时落实。预算考核的结果应当与各执行单位以及员工的薪酬、职位等进行挂钩，实施预算奖惩。企业设计预算奖惩方案时，应当以实现全面预算目标为首要原则，同时还应遵循公平合理、奖罚并存的原则。奖惩方案要注意各部门利益分配的合理性，要根据各部门承担的工作难易程度和技术含量合理确定奖励差距。要奖罚并举，不能只奖不罚，并防止奖惩实施中的人情添加因素。

附录3 企业财务预算管理制度范本

第一章　总则

第一条　为促进企业建立健全内部约束机制，进一步规范企业财务管理行为，推动企业加强预算管理，现根据财政部颁发的《关于企业实行财务预算管理的指导意见》和集团公司实施全面预算管理的要求，结合集团企业实际情况，特制定本制度。

第二条　本制度适用于公司本部及所属公司、控股公司及其所属单位。

第二章　财务预算基本内容

第三条　预算管理是利用预算对企业内部各部门、各单位的各种财务及非财务资源进行分配、考核、控制，以便有效地组织和协调企业的生产经营活动，完成既定的经营目标。

第四条　企业财务预算是企业全面预算的重要组成部分，是企业全面预算的中心。企业财务预算是在预测和决策的基础上，围绕企业战略目标，对一定时期内企业资金取得和投放、各项收入和支出、企业经营成果及其分配等资金运动所作的具体安排。财务预算与业务预算、资本预算、筹资预算共同构成企业的全面预算。

第五条　企业财务预算应当围绕企业的战略要求和发展规划，以业务预算、资本预算为基础，以经营利润为目标，以现金流为核心进行编制，并主要以财务预算报表形式予以充分反映。

第六条　企业财务预算一般按年度编制，业务预算、资本预算和筹资预算分季度、月份落实。

第三章　预算组织分工

第七条　企业法定代表人对企业财务预算的管理工作负总责，各企业应设立财务预算管理委员会或指定企业财务管理部门负责财务预算管理事宜，并对企业法定代表人负责。

第八条　财务预算管理委员会主要拟订财务预算的目标、政策，制定财务预算管理的具体措施和办法，审议、平衡财务预算方案，组织下达财务预算，协调解决财务预算编制和执行中的问题，组织审计、考核财务预算的执行情况，督促企业完成财务预算目标。

第九条　财务预算编制在企业财务预算管理委员会领导下进行，企业财务管理部门具体负责组织编制、审查、汇总、上报、下达，预算执行和日常流程控制，预算执行情况的分析和报告，预算执行情况考核等工作。

第十条　企业内部生产、投资、物资、人力资源、市场营销等职能部门具体负责本部门业务涉及的财务预算的编制、执行、分析、控制等工作，并配合财务预算管理委员会做好企业总预算的综合平衡、协调、分析、控制、考核等工作。其主要负责人参与企业财务预算管理委员会的工作，并对本部门财务预算执行结果承担责任。

第十一条　各财务预算执行单位，在公司董事会或公司经营层的指导下，负责本单位现金流量、经营成果和各项成本费用预算的编制、控制、分析工作，接受企业董事会的检查、考核。其单位主要负责人对本单位财务预算的执行结果承担责任。

公司对公司所属单位实施财务预算管理，各单位财务预算方案必须上报公司总部审核批准。

第四章　财务预算的编制

第十二条　预算编制是实现全面预算管理的关键环节，编制质量的高低直接影响预算执行结果。财务预算编制要在企业全面预算管理委员会制定的编制方针指引下进行。

第十三条　企业编制财务预算要按照内部经济活动的责任权限进行，并遵循以下基本原则和要求：

（一）坚持效益优先原则，实行总量平衡，进行全面预算管理；

（二）坚持积极稳健原则，确保以收定支，加强财务风险控制；

（三）坚持权责对等原则，确保切实可行，围绕经营战略实施。

第十四条　企业编制财务预算要按照先业务预算、资本预算、筹资预算，后财务预算的流程进行，并按照各预算执行单位所承担经济业务的类型及其责任权限，编制不同形式的财务预算。

第十五条　业务预算是反映预算期内企业可能形成现金收付的生产经营活动（或营业活动）的预算，一般包括销售或营业预算、生产预算、制造费用预算、产品成本预算、营业成本预算、采购预算、期间费用预算等，企业可根据实际情况并参照公司具体要求编制。

第十六条　资本预算是企业在预算期内进行资本性投资活动的预算，主要包括固定资产投资预算、权益性资本投资预算和债券投资预算。

第十七条　筹资预算是企业在预算期内需要新借入的长短期借款、经批准发行的债券以及对原有借款、债券还本付息的预算，主要依据企业有关资金需求决策资料、发行债券审批文件、期初借款余额及利率等编制。

企业经批准发行股票、配股和增发股票，应当根据股票发行计划、配股计划和增发股票计划等资料单独编制预算。股票发行费用，也应当在筹资预算中分项作出安排。

第十八条　财务预算主要以现金预算、预计资产负债表和预计损益表等形式反映。企业应当按照公司制定的财务预算编制基础表格和财务预算指标计算口径进行编制。

第十九条　企业财务预算可以根据不同的预算项目，分别采用固定预算、弹性预算、滚动预算、零基预算、概率预算等方法进行编制。同时在编制时，为确保预算的可执行性，可留出一定的预备费用作为预算外支出。

第二十条　编制企业财务预算，应按照"上下结合、分级编制、逐级汇总"的程序进行。按照下达目标、编制上报、审查平衡、审议批准、下达执行等编制程序进行编制，并制定详细的财务预算编制政策。

各单位财务预算编制完成后，于当年 11 月底前将财务预算方案上报集团公司，经审查、汇总、平衡后批复各单位执行。

第二十一条　预算的编制日程：年度预算的编制，自预算年度上一年的 10 月 1 日开始至 11 月 25 日全部编制完成，并在次年 1 月底前分解落实财务预算指标。各单位要依照企业全面预算管理要求编排预算，并制定详细的编制日程和要求，确保财务预算的顺利编制。

第五章　财务预算的执行、控制与差异分析

第二十二条　企业财务预算一经批复下达，各预算执行单位必须认真组织实施，并将财务预算指标层层分解，从横向和纵向落实到内部各部门、各单位、各环节和各岗位，形成全方位的财务预算执行责任体系。控制方法原则上依金额进行管理，同时运用项目管理、数量管理等方法。

第二十三条　企业应当将财务预算作为预算期内组织、协调各项经营活动的基本依据，将年度预算细分为月份和季度预算，以分期预算控制确保年度财务预算目标的实现。

第二十四条　企业应强化现金流量的财务预算管理，按时组织预算资金的收入，严格控制预算资金的支付，调节资金收付平衡，控制支付风险。对于预算内的资金拨付，按照授权审批程序执行。对于预算外的项目支出，应当按财务预算管理制度规范支付程序执行。对于无合同、无凭证、无手续的项目支出，不予支付。

第二十五条　企业应当严格执行销售或营业、生产和成本费用预算，努力完成利润指标。一般情况下，没有预算的，要坚决控制其发生。对费用预算实行不可突破法，节约奖励，且预算项目之间原则上不得挪用。

第二十六条　在日常控制中，企业应当健全凭证记录，完善各项管理规章制度，严格执行生产经营月度计划和成本费用的定额、定率标准，加强适时的监控。各预算管理职能部门都要相应建立财务预算管理簿，按预算的项目详细记录预算额、实际发生额、差异额、累计预算额、累计实际发生额、累计差异额。

第二十七条　在管理过程中，对纳入预算范围的项目，由预算执行部门负责人进行控制，预算管理职能部门负责监督，并逐步借助计算机系统进行管理。预算外的支出由企业财务预算管理委员会直接控制。

第二十八条　企业必须建立财务全面预算执行报告制度，要求各预算执行部门定期报告财务预算的执行情况。对于财务预算执行中发生的新情况、新问题及出现偏差较大的重大项目，财务预算管理委员会应当责成有关预算执行部门查找原因，提出改进经营管理的

措施和建议。

预算差异分析报告应包括以下内容：

（一）本期预算额、本期实际发生额、本期差异额、累计预算额、累计实际发生额、累计差异额；

（二）对差异额进行的分析；

（三）产生不利差异的原因、责任归属、改进措施以及形成有利差异的原因和今后进行巩固、推广的建议。

第二十九条　企业财务管理部门应当利用财务报表监控财务预算的执行情况，及时向预算执行部门、企业财务预算管理委员会乃至董事会或经理办公会提供财务预算的执行进度、执行差异及其对企业财务预算目标的影响等财务信息，促进企业完成财务预算目标。

第六章　财务预算的调整

第三十条　已下达执行的年度财务预算，一般不予调整。财务预算执行单位在执行中由于市场环境、经营条件、政策法规等发生重大变化，致使财务预算的编制基础不成立，或者将导致财务预算执行结果产生重大偏差的，可以调整财务预算。

第三十一条　提出预算修正的前提。当某一项或几项因素向着劣势方向变化，影响财务预算目标的实现时，应首先挖掘与预算目标相关的其他因素的潜力，或采取其他措施来弥补，只有在无法弥补的情况下，才能提出财务预算修正申请。

第三十二条　确需调整的财务预算，应当由预算执行部门逐级向企业财务预算管理委员会提出书面报告，阐述财务预算执行的具体情况、客观因素变化情况及其对财务预算执行造成的影响程度，提出财务预算的调整幅度。

企业财务管理部门应对预算执行单位的财务预算调整报告进行审核分析，集中编制企业年度财务预算调整方案，提交财务预算管理委员会审核，报公司总部确认后方可下达执行。

第七章　财务预算的专评与激励

第三十三条　预算年度终了，财务预算管理委员会应当向董事会或者经理办公会报告财务预算执行情况，并依据财务预算完成情况和财务预算审计情况对预算执行部门进行考核。

第三十四条　财务预算的考评具有两层含义：一是对整个企业财务预算管理系统进行考核评价，即对经营业绩进行评价；二是对预算执行者的考核与评价。财务预算考评是发挥预算约束与激励作用的必要措施，通过预算目标的细化分解与激励措施的付诸实施，达到"人人肩上有指标，项项指标连收入"。

第三十五条　预算考评是对预算执行效果的一个认可过程，要结合本企业经济责任制考评要求制定考评细则。考评应遵循以下原则。

（一）目标原则：以预算目标为基准，按预算完成情况评价预算执行者的业绩。

（二）激励原则：预算目标是对预算执行者业绩评价的主要依据，考评必须与激励制度相配合。

（三）时效原则：预算考评是动态考评，每期预算执行完毕应及时进行。

（四）例外原则：对一些影响预算执行的重大因素，如产业环境的变化、市场的变化、重大意外灾害等，考评时应作为特殊情况处理。

（五）分级考评原则：企业预算考评要根据组织结构层次或预算目标的分解层次进行。

第三十六条　为调动预算执行者的积极性，企业可以制定激励政策，设立经营者奖、效益奖、节约奖、改善提案奖等奖项。

第三十七条　财务预算管理委员会应当定期组织财务预算审计工作，纠正财务预算执行中存在的问题，充分发挥内部审计的监督作用，维护财务预算管理的严肃性。

财务预算审计可以全面审计或者抽样审计，在特殊情况下，也可组织不定期的专项审计。

审计工作结束后，审计管理部门应当形成审计报告，直接提交财务预算管理委员会乃至董事会或者经理办公会，作为调整财务预算、改进内部经营管理和财务考评的一项重要参考。

第八章　附则

第三十八条　本制度自____年__月__日起执行。以前制度与本制度相抵触的，以本制度为准。

第三十九条　各单位可以根据本制度及本单位管理需要拟订相应的实施细则，并组织实施。

第四十条　本制度未尽事宜，按总公司有关制度执行。

第四十一条　本制度由总公司财务部负责解释和修订。

附录4 年度预算执行报告示例

××公司年度预算执行报告

公司所属各单位、总部各部门、各铁路项目部：

201×年度财务结算基本结束，根据公司预算文件精神，现将公司年度预算执行情况通报如下。

一、预算整体完成情况

201×年度本公司预算总额为66 712.84万元。其中：投资预算16 202.00万元，管理费用预算13 123.66万元，财务费用预算10 050.00万元，项目经费预算27 337.18万元（含项目追加预算169.00万元）。

201×年度完成投资额12 500.00万元，管理费用开支总额12 202.89万元，财务费用总额10 291.51万元，项目经费开支总额28 007.52万元（剔除合理性超支后的经费开支总额是26 456.23万元）。

二、投资预算执行情况说明

201×年投资完成额按照合同履行实质性来统计，其中包括模板购置532.00万元，盾构机购置8 997.00万元，盾构机配套设备及其他设备费2 018.00万元，办公楼装修953.00万元。

三、财务费用预算执行情况说明

201×年财务费用开支主要是银行贷款利息和银行手续费支出。其中G机关年度财务费用预算额为8 500.00万元，实际支出额为费8 453.93万元；A分公司财务费用预算额为1 550.00万元，实际支出为1 837.58万元。

四、管理费用预算执行情况说明

从公司整体来看，管理费用总额开支控制在预算额度内。但北京分公司出现小额度超支现象，超出预算1.90%，超支金额为35.13万元（业务招待费超支）。

五、项目经费预算执行情况说明

1.经费构成与对比匹配

本年度经费考核按照预算文件下达的费用项目，考核数据剔除折旧与摊销费、上级管理费、征地拆迁补偿费，使考核经费构成与预算下达的项目相一致；剔除已入账非本年度承担职工薪酬部分，使考核数据达到对比匹配，保证预算控制的年度完整性。其他非本年度承担费用项目不予剔除。

2. 执行情况说明

年度项目经费预算总额是 27 337.18 万元，通过数据匹配性对比，经费总开支数为 28 007.52 万元，扣除职工薪酬上调因素影响、非常规的调概因素影响、人员超编因素影响及未预计税费、诉讼费影响的数据后，合理性开支总额是 26 456.23 万元，占预算额度的 96.78%，具体情况如下。

（1）A 分公司项目经费预算总额为 10 500.00 万元，实际开支为 9 600.10 万元，已开支金额占预算的 91.43%，经费开支控制在预算额度内。

（2）B 分公司项目经费预算总额为 2 550.08 万元，实际开支为 2 409.11 万元，年开支金额占预算的 94.47%，经费开支控制在预算额度内。

（3）北京分公司项目经费预算总额为 2 780.00 万元，实际开支为 2 975.35 万元，超支 195.35 万元，由职工薪酬年度内上调和未预计的项目诉讼费造成。扣除职工薪酬上调影响率 6.72% 后，经费总超支额为 8.30 万元，由项目未预计的诉讼费造成。

（4）在剔除职工薪酬上调因素等合理性超支因素下，八条铁路线中的 C 项目、E 项目、H 项目经费开支控制在预算额度内。F 项目超支 0.34%，B 项目超支 1.99%，A 项目超支 2.51%，G 项目超支 20.90%，D 项目超支 58.11%。

①C 项目经费预算为 597.20 万元，实际开支数为 656.47 万元，剔除匹配性调整数（以前年度薪酬）后的经费开支数为 562.38 万元，年开支金额占预算的 94.17%，控制在预算额度内。

②E 项目经费预算为 2 885.00 万元，实际开支数为 3 009.95 万元，剔除匹配性调整数后的经费开支数为 2 978.01 万元，超支金额为 93.01 万元，超支是由职工薪酬上调造成的，扣除薪酬上调影响率 3.55% 后，经费总开支额为 2 875.47 万元，占预算的 99.67%，控制在预算额度内。

③H 项目经费预算为 2 155.20 万元，实际开支数为 2 431.81 万元，总超支金额为 276.61 万元，超支金额全部表现在职工薪酬上。职工薪酬费用项超支额为 552.53 万元，该项目薪酬预算按新标准执行，超支原因与年度内薪酬上调无关，是由人员超编造成的。按照项目施工组织设计，项目人员编制为 316 人，该项目高峰期人员数达到 520 人，造成薪酬相关费用大幅攀升。项目总会履行了预算控制上报和费用追加上报职责，人员超编造成的费用超支非财务部门独立可为。

④F 项目经费预算为 1 682.00 万元，实际开支数为 1 771.63 万元，剔除匹配性调整数后的经费开支数为 1 751.09 万元，超支金额 69.09 万元，是由职工薪酬上调和业务招待费

超支造成的。扣除薪酬上调影响率3.76%后，非合理性经费总超支额为5.79万元，超支率为0.34%，表现为业务招待费的非合理性超支。

⑤B项目经费预算原为666万元，因工期延长报公司审批追加预算169.00万元，最终为835.00万元，实际开支数为988.88万元，剔除匹配性调整数后的经费开支数为883.81万元，超支总金额为48.81万元。扣除薪酬上调影响率2.35%、未预计诉讼费12.57万元后，非合理性经费超支额为16.62万元，超支率为1.99%，表现为业务招待费非合理性超支。

⑥A项目经费预算为2 355.20万元，实际开支数为3 102.65万元，剔除匹配性调整数后的经费开支数为2 629.02万元，超支总金额为273.82万元。扣除职工薪酬上调影响率2.80%、未预计税费、诉讼费55.26万元，人员超编因素影响93.33万元后，非合理性超支金额为59.23万元，超支率2.51%。其中，办公费超支18.27万元、差旅费超支10.13万元、业务招待费超支30.83万元。

⑦G项目经费预算为473.50万元，实际开支数为648.82万元，超支金额为175.32万元，超支是由职工薪酬上调、办公费、差旅费和业务招待费超支共同造成的。扣除薪酬上调影响率5.53%、人员超编因素影响的51.84万元后，非合理性经费超支额为98.94万元，超支率为20.90%。其中，办公费超支40.06万元、差旅费超支33.83万元、业务招待费超支25.05万元。

⑧D项目经费预算为524.00万元，实际开支数为1 484.14万元，剔除匹配性调整数后的经费开支数为1 138.02万元，剔除补差增效相关费用222.05万元，薪酬上调影响4.74万元，未预计税费、诉讼费24.63万元以及上半年人员超编影响58.09万元后，非合理性超支额为304.51万元，超支率为58.11%。其中，办公费超支93.25万元，差旅费超支114.09万元，业务招待费超支97.17万元。

3. 项目经费超支原因分析

（1）项目资源配备不合理，需要资源调控系统和资源需求口的共同联动，这样才能做到资源使用的高效率和费用增长低水平的平衡。

①人员超编严重，造成薪酬相关费用、差旅费等超出预算，如A项目、D项目、G项目。

②车辆调配及处置与项目现状脱节。如A项目基本完工，项目拥有的16辆车仍在运行中，导致车辆使用费偏高；D项目处于结算阶段，项目现有人员16人，保有4辆车，这些因素导致项目差旅费超支。

（2）费用核销制度履行不力，费用控制措施实施不当。

①出现经费超支的单位，对日常性费用的核销标准执行不力。

②经费超支单位的财务负责人对费用开支的监控力度不够，没有按照预算管理规定上报费用执行情况，不能及时掌控费用开支进度；对已超支费用项目未按照规定实施核销控

制，导致费用超支金额进一步加大。

（3）费用核销的权责发生制执行不力。

（4）项目领导对经费预算控制的重视程度不够。项目经费预算与项目施工预算是对整个项目未来工作的筹划，它们的履行与否关系到项目施工资源到位的及时性和项目效益目标的完成度。从项目费用报销核查来看，部分项目经理对项目费用审批不够严谨，缺乏费用支出的预算概念，车辆、人员增加随意，出现项目管理"山寨化"倾向，导致项目经费开支随意化，预算控制形式化，个别项目经理在管理中不算账、不想算账、不会算账的思想状态突出，直接影响项目效益，并带来了项目管理的系统性风险。

六、预算控制应对措施

针对以上问题，相关人员制定与调整费用预算，实施预算制定基础要素数量控制化，以"预算基数＋弹性系数区间"的方式确定基础预算，根据预算要素数量的变化实施弹性调整。公司落实以下措施，对费用预算过程进行控制。

1.体系与部门控制

项目经费预算分体系制定与控制，按照项目工作职责分为财务体系、商务体系、工程技术体系、安全体系等；总部与分公司机关管理费用预算分部门制定，差旅费、业务招待费部分归部门控制。

2.费用日常控制落实到责任人

将费用日常控制落实到相关的责任人，包括预算基础要素联动控制责任人、预算开支控制责任人、预算费用合规性责任人。

（1）项目经理为项目经费基础要素控制第一责任人，总部及分公司机关部门经理为管理费用基础要素控制第一责任人；项目经理、总部人力资源部、总部商务管理部、总部财务部及资源投入对口管理部门联动，主要控制费用基础要素的资产、人员等资源投入数量。

（2）公司、分公司、项目财务负责人为各级费用总预算开支定额控制第一责任人；公司、分公司、项目部各体系分管领导为所分管范围内费用开支定额控制第一责任人。

（3）公司、分公司、项目财务负责人为预算费用合规性第一负责人，负责核销单据的合法性、核销金额的合理合规性、履行公司预算与费用管理制度；凭证制单人员为预算费用合规性辅助责任人，辅助总会计师履行费用核销制度。

3.制度制约

费用开支严格执行《财务资金管理制度汇编》中预算与费用管理相关制度。

4.实施财务科目与软件刚性控制

以财务科目进行费用归类，进行软件刚性数额控制。

5.月度考评与过程控制的责任承包联动制

与商务管理部门联动，结合责任承包，控制预算发生的合理性并进行原因分析。

6.过程分析

过程分析实行预算执行结果的非合理偏差问责制。月度（每年3月起）公开预算开支与责任人控制效果评价，纳入经济活动分析会议考评，对预算执行的非合理偏差责任人进行问责。

七、对费用预算超支单位和项目的处罚

根据财务资金体系管控框架规定以及相关责任追究制度，对201×年度未履行或未有效履行预算控制的单位和个人进行通报处罚。

（1）D项目部的经费整体控制失效，项目财务履行预算开支上报和超支费用核销控制不力，导致产生非合理性经费超支304.51万元，对D项目财务负责人处以2 000.00元罚款，如再出现控制不力的情形，将对财务负责人进行降职处理。

（2）A项目部对车辆使用控制不力，项目财务人员对费用标准控制不力，履行预算开支上报和超支费用核销控制不力，导致产生非合理性超支59.23万元，对项目财务负责人提出通报批评。

（3）G项目财务费用标准控制不力，在履行过程中对预算开支上报和超支费用核销控制不力，导致发生非合理性超支98.94万元，对G项目财务负责人提出通报批评。

项目财务负责人预算控制履行情况表见附表1。

201×年度公司费用预算执行情况汇总表见附表2。

201×年度公司项目经费合理性开支核定表见附表3。

附表1　　　　　　　　　　项目财务负责人预算控制履行情况表

项目	B项目		A项目	C项目	D项目	E项目	F项目	G项目	H项目
是否履行中期预算执行情况的上报	否		是	是	否	是	否	否	是	
是否履行超支费用的追加上报申请	否		是	否	否	否	否	否	是	
费用追加申请是否批复及批复金额	—		是169.00万元	—	—	—	—	—	否	

附表2

201×年度公司费用预算执行情况汇总表

金额单位：万元

单位名称		管理费用			项目经费			财务费用		
		201×年度预算数	201×年度实际开支数	已开支金额占预算的比例	201×年度预算数	201×年度实际开支数	已开支金额占预算的比例	201×年度预算数	201×年度实际开支数	已开支金额占预算的比例
G机关	机关领导	167.80	83.23	49.60%	-	-	-			
	机关部门	1 675.24	1 382.69	82.54%	-	-	-			
	机关公共性	3 722.46	3 392.92	91.15%	-	-	-	8 500.00	8 453.93	99.46%
	小计	5 565.50	4 858.84	87.30%	-	-	-			
铁路事业部	机关	31.50	14.75	46.83%	-	-	-			
	A项目				2 355.20	2 414.43	102.51%	-	-	-
	B项目				835.00	851.62	101.99%	-	-	-
	C项目				597.20	562.38	94.17%	-	-	-
	D项目				524.00	828.51	158.11%	-	-	-
	E项目				2 885.00	2 875.47	99.67%	-	-	-
	F项目				1 682.00	1 687.79	100.34%	-	-	-
	G项目				473.50	572.44	120.90%	-	-	-
	H项目				2 155.20	1 879.28	87.20%	-	-	-
	小计	31.50	14.75	46.83%	11 507.10	11 671.92	101.43%	-	-	-
A分公司		3 992.04	3 905.24	97.83%	10 500.00	9 600.10	91.43%	1 550.00	1 837.58	118.55%

（续表）

单位名称	管理费用			项目经费			财务费用		
	201×年度预算数	201×年度实际开支数	已开支金额占预算的比例	201×年度预算数	201×年度实际开支数	已开支金额占预算的比例	201×年度预算数	201×年度实际开支数	已开支金额占预算的比例
A分公司	1 099.62	1 094.52	99.54%	2 550.08	2 409.11	94.47%	-	-	-
铁路设备分公司	585.00	444.41	75.97%	-	-	-	-	-	-
北京分公司	1 850.00	1 885.13	101.90%	2 780.00	2 775.10	99.82%	-	-	-
合计	13 123.66	12 202.89	92.98%	27 337.18	26 456.23	96.78%	10 050.00	10 291.51	102.40%

单位：万元

附表3　　201×年度公司项目经费合理性开支核定表

单位：万元

单位名称	预算数①	实际开支数②	匹配性调整数（以前年度薪酬）③	匹配性开支数④=②-③	超支数⑤=④-①	合理性偏差						剔除合理性偏差后开支数⑦=④-⑥	其他费用⑧项结余	非合理性偏差			
						薪酬上调因素	车辆使用因素	人员超编因素	调概因素	未预计税费、诉讼费	小计⑥			办公费	差旅费	业务招待费	小计⑨=⑦+⑧-①
A分公司	10 500.00	9 600.10	-	9 600.10	-899.90	-	-	-	-	-	-	9 600.10	899.90	-	-	-	-
B分公司	2 550.08	2 409.11	-	2 409.11	-140.97	-	-	-	-	-	-	2 409.11	140.97	-	-	-	-
北京分公司	2 780.00	2 975.35	-	2 975.35	195.35	187.05	-	-	-	13.20	200.25	2 775.10	4.90	-	-	-	-
铁路项目	11 507.10	14 094.35	1 071.39	13 022.96	1 515.86	280.74	-	755.79	222.05	92.46	1 351.04	11 671.92	320.27	151.58	158.05	175.46	485.09

（续表）

超支数分析

序号	单位名称	预算数①	实际开支数②	匹配性调整数（以前年度薪酬）③	匹配性开支数④=②-③	超支数⑤=④-①	合理性偏差						剔除合理性偏差后开支数⑦=④-⑥	其他费用项结余⑧	非合理性偏差			
							薪酬上调因素	车辆使用因素	人员超编因素	调概因素	未预计费、税费、诉讼费	小计⑥			办公费	差旅费	业务招待费	小计⑨=⑦+⑧-①
1	A	2 355.20	3 102.65	473.63	2 629.02	273.82	66.00		93.33		55.26	214.59	2 414.43	–	18.27	10.13	30.83	59.23
2	B	835.00	988.88	105.07	883.81	48.81	19.62	–	–	–	12.57	32.19	851.62	–	–	–	16.62	16.62
3	C	597.20	656.47	94.09	562.38	-34.82	–	–	–	–	–	–	562.38	34.82	–	–	–	–
4	D	524.00	1 484.14	346.12	1 138.02	614.02	4.74		58.09	222.05	24.63	309.51	828.51	–	93.25	114.09	97.17	304.51
5	E	2 885.00	3 009.95	31.94	2 978.01	93.01	102.54	–	–	–	–	102.54	2 875.47	9.53	–	–	–	–
6	F	1 682.00	1 751.09	20.54	1 751.09	69.09	63.30	–	–	–	–	63.30	1 687.79	–	–	–	5.79	5.79
7	G	473.50	648.82	–	648.82	175.32	24.54		51.84		–	76.38	572.44	–	40.06	33.83	25.05	98.94
8	H	2 155.20	2 431.81	–	2 431.81	276.61		–	552.53		–	552.53	1 879.28	275.92				–
合计		27 337.18	29 078.91	1 071.39	28 007.52	670.34	467.79	–	755.79	222.05	105.66	1 551.29	26 456.23	1 366.04	151.58	158.05	175.46	485.09